시진핑의
다자주의

시진핑의
다자주의

이창호

习近平的多边主义

북고주

오늘날 미국을 중심으로 하는 국제질서가 재편됨에 따라 중국은 다자주의 외교정책을 기본골격으로 하는 새로운 다자주의를 진행하고 있다. 특히 중국은 주변국과의 관계 개선을 통하여 자국의 경제 발전에 필요한 지역 안정과 안정적인 에너지 수급을 위한 외교정책에 주력하고 있다. 이러한 노력에 따라 중국은 주변 관련국과의 다각적인 교류를 추진하고 있으며 이는 상하이협력기구SCO, 아세안지역안보포럼ARF, ASEAN10+1, 일대일로一帶一路 사업 등으로 다양하게 나타나고 있다.

여기서 주목할 것은 이러한 세계 속에서 다자주의를 표방하는 중국의 역할이 점점 강화되고 있다는 사실이다. 특히, 상하이협력기구는 중국이 주도적으로 창설한 다자협력체로서 중국의 다자주의를 기초로 한 신 안보관을 가늠할 수 있는 중요한 척도가 되고 있다.

중국은 동남아를 비롯하여 주변 국가들과 정치, 경제적인 협력을 통하여 지역강대국으로 부상한다는 목표를 가지고 다자주의를 표방하고 있으며, 이는 국제 사회에서의 중국의 권리와 역할이 강조되고 있기 때문에 미국 중심의 질서 속에서 한 극을 이루고자 하는 중국의 다자외교 전략이라 할 수 있다. 그러나 중국의 이러한 다자외교 전략의 가장 큰 장애물은 아직까지 미국의 영향력이 지대하다는 것이다.

중국은 개혁개방 이후 놀라운 경제성장을 바탕으로 하는 급격한 부상이 미국 주도적인 세계질서를 위협할 수도 있다는 중국위협론이 등장하고 있다. 이에 근거하여 미국은 아시아에서 양자관계에 기초한 상호동맹을 통해 중국을 압박하고 있다. 또한 군사적으로 아시아 각국에 미군을 주둔시키고 천문학적인 비용이 소비될 것으로 예측되는 전역미사일방어체제TMD 구축을 시도하는 등 언제든 중국을 봉쇄할 수 있는 여건을 마련하고 있다.

특히 미국은 9.11 사건 이후 대테러 전쟁의 목적 아래 중동 및 중앙아시아 지역에 진출하여 중국을 사방에서 감싸고 위협하고 있다. 중동에 이어 중앙아시아 지역까지 장악하려는 미국의 의도는 지속적인 성장을 위해 지역 안정과 에너지 수급이 절실한 중국에게 매우 부담스러운 일이 아닐 수 없다. 상당량의 원유를 중동 지역에서 수급하는 중국이 최근의 불안정한 중동 정세에 따라 중앙아시아 지역과 에너지 관련 협력 행보를 서두르고 있다. 이에 따라 중국의 다자외교의 중점이 중앙아시아로 향하고 있다.

또한 중앙아시아 국가와의 협력을 통한 중국내 이슬람 민족의 분리주의를 방어할 수 있는 역할을 수행하게 하고, 최근 발생한 티베트 등 중국내 소수 민족 독립운동의 영향을 약화시킬 수 있는 계기를 만들려고 노력하고 있다. 개혁개방 이후 급격하게 성장해 온 중국으로서는 향후 지속적인 성장세의 유지를 위하여 지역 안정과 에너지 수급 안정이 무엇보다 중요한 조건이기 때문에 다자외교의 중요성을 강조하지 않을 수 없다.

더욱이 구소련에서 분리된 중앙아시아 국가들은 뚜렷하게 어느 국가도 주도권을 잡고 있지 못하기 때문에 미국, 러시아 등이 서로 주도권을 놓고 각축을 벌이고 있는 상황이다.

이러한 의미에서 중국이 러시아 및 중앙아시아 주요국과 함께 주도적으로 창설한 상하이협력기구는 향후 중앙아시아 지역에서 중국의 정치 경제적 위상확보에 매우 중요한 역할을 할 것으로 기대하고 있다.

미국과 중국의 충돌이 가속화되고 특히 대만 문제에 대해서 첨예한 대립이 일어나고 있는 실정에서 한국 언론에 가장 많이 등장하는 개념 중 하나가 '투키디데스 함정'이다. 투키디데스 함정은 〈펠로폰네소스 전쟁사〉를 인용한 것으로 신흥 강대국이 부상하면 기존의 강대국이 견제를 하는 과정에서 전쟁이 발생한다는 이론이다.

이로 인해서 한국 언론들은 투키디데스 함정론을 적극 활용하여 중국의 동남아시아에서의 위상의 급격한 부상은 기존의 미국 중심의 질서에 대한 위협이라고 생각하고 있다. 이에 따라 미국과 중국 간의 무역과 무력 충돌은 불가피할 것으로 예측하고 있으며, 미국의 군사력이 아직은 중국을 이길 수 있기 때문에 현재는 미국 편에 서야 한다는 논리를 확산시키고 있다.

경제나 외교 전문가들은 미국과 중국의 갈등을 해결하고 다자주의

시진핑의 다자주의

를 강화해야 한다고 이야기하지만, 현실에서는 여러가지 상황의 변수가 따른다. 따라서 중국이 추구하는 다자주의가 무엇이며, 어떤 방향으로 전개될 것인지, 거기에 따른 한국의 대응 전략을 알아보는 것은 매우 의미가 있다. 따라서 본 저서는 중국의 다자주의에 대한 정의와 배경, 과정이 어떻게 진행되고 있는지와 실제 중국이 추진하고 있는다자주의에 대한 성과와 이를 통한 한국의 득실과 대응 방안을 알아보려고 한다.

지은이 이창호

목차

4 · 머리말

제1장 다자주의란 무엇인가?   13

01 다자주의의 정의   14

02 다자주의와 대조되는 개념   16

03 시진핑의 다자주의   21

04 조 바이든의 다자주의   27

05 미국과 중국의 다자주의의 충돌   30

06 한국의 다자주의에 대한 입장   33

07 다자주의의 전망   35

제2장 시진핑의 다자주의   37

01 2017년 세계경제포럼WEF에서의 시진핑의 다자주의   38

02 2019년 G20 정상회의에서의 시진핑의 다자주의   41

03 2019년 브릭스에서의 시진핑의 다자주의   45

04 2021년 세계경제포럼WEF에서의 시진핑의 다자주의   48

05 2021년 제76차 유엔총회에서의 시진핑의 다자주의   51

06 2021년 G20 정상회의에서의 시진핑의 다자주의   55

07 2021년 중·러 화상 정상회담에서의 시진핑의 다자주의   57

08 2022년 뮌헨 안보회의에서의 시진핑의 다자주의   60

09 2022년 G20 정상회의에서의 시진핑의 다자주의   63

10 2023년 제20차 전국대표대회 보고에서의 시진핑의 다자주의   66

제3장 다자주의의 역사   69

01 케네디라운드   70

02 도쿄라운드   75

03 우루과이라운드   77

04 도하개발어젠다   82

05 세계무역기구   86

06 자유무역협정   88

07 동남아시아국가연합   91

08 역내포괄적경제동반자협정   96

09 환태평양경제동반자협정   99

10 인도·태평양경제프레임워크   101

제4장 중국 외교의 방향　　　　　105

01 중국의 지역주의 배경　　　　　106

02 중국의 지역주의의 성장　　　　　110

03 중국의 다자주의에 대한 역사　　　　　114

04 중국의 다자주의 수용 원인　　　　　117

05 중국의 지역강국의 추구　　　　　122

06 중국식 다자주의 노선　　　　　125

07 시진핑의 다자주의 실천 방침　　　　　128

08 중국식 다자주의에 대한 비판　　　　　134

제5장 상하이 협력 기구　　　　　137

01 상하이협력기구의 설립 배경　　　　　138

02 상하이협력기구의 설립 과정　　　　　142

03 상하이협력기구의 설립 목적과 기본 이념　　　　　146

04 상하이협력기구의 성과　　　　　148

05 상하이협력기구의 협력 내용　　　　　155

06 상하이협력기구에 대한 시진핑의 입장　　　　　162

07 상하이협력기구에 대한 중국의 입장　　　　　167

08 상하이협력기구에 대한 러시아의 입장　　　　　170

09 상하이협력기구에 대한 중앙아시아의 입장　　　　　173

10 상하이협력기구에 대한 미국의 입장　　　　　175

11 상하이협력기구에 대한 비판　　　　　179

제6장 일대일로一帶一路의 개요　　　　　183

01 일대일로一帶一路의 정의　　　　　184

02 일대일로一帶一路의 목적　　　　　187

03 일대일로一帶一路의 의미   188

04 일대일로一帶一路의 역사적 배경   191

05 일대일로一帶一路의 추진 과정   194

06 일대일로一帶一路의 결실   200

07 마셜 플랜과의 차이   203

제7장 일대일로一帶一路의 전략   207

01 정책교류政策溝通   208

02 인프라연결設施聯通   210

03 무역원활화貿易暢通   212

04 자금융통资金融通   214

05 민심상통民心相通   216

제8장 일대일로一帶一路의 배경   219

01 중국의 꿈(중국몽)   220

02 경제적 배경   222

03 서부 대개발   224

04 에너지 공급   225

05 국내 공급과잉 해소   227

06 정치적 배경   229

07 군사적 배경   231

제9장 일대일로一帶一路의 효과   233

01 파키스탄과의 협력   234

02 동남아시아로의 진출   237

03 인도양 국가로 진출   240

04 유럽으로의 진출   242

05 중앙 및 서아시아 국가로 진출   245

06 아프리카로 진출   247

제10장 일대일로一帶一路의 자금 운용   251

01 일대일로一帶一路 비용   252

02 정책은행   254

03 상업성 금융기구   257

04 아시아인프라투자은행   261

제11장 일대일로一帶一路의 문제점   265

01 중국의 주도권 강화   266

02 종속화   268

03 부채의 증가   270

04 프로젝트의 불투명성   272

05 인도의 반대   274

06 사업의 중단과 취소   276

07 안보문제   277

08 군사 개입   279

09 부채 폭탄 위험   282

10 부실 공사   289

294 · 참고 문헌

제1장

다자주의란
무엇인가?

01 다자주의의 정의

多
边
主
义

       오늘날 세계는 자국의 경제적인 이익을 위하여 다자주의를 표방하고 있다. 더욱이 미국 중심의 세력을 개편하려는 중국에 의해서 다자주의를 중요 정책으로 삼았다. 그렇다면 다자주의라는 것은 무엇인가?

다자주의Multilateralism란 여러 나라가 무역 문제의 해결을 위하여 세계적 협의체를 를 두고 가치 체계나 규범, 절차 따위를 각국이 준수하고 조율하도록 하는 것을 말한다. 이는 지역적·공간적 한계를 넘어선 포괄적 상호주의를 표방하는 것을 말한다.

로버트 코핸Robert Keohane 프린스턴대 교수는 "다자주의는 셋 이상의 국가 간 관계를 조율하는 것으로, 그 성공을 위해서는 집단적 정체성과 함께, 단기적으로는 손해를 보더라도 장기적으로 이익이 될 수 있다는 상호 인식이 매우 중요하다"라고 정의하고 있다.

그 대표적인 예가 19세기 전반기 유럽의 국제질서라 할 수 있는 유럽협조체제Concert of Europe다. 이는 일정한 구역 안의 국가들 간 일련의 회의 형태로 구체화 됐으며, 일정한 가치와 규범 및 질서를 갖춘 연대 보장 체제였다. 다자안보협력이 추구하는 목표는 공동으로 당면한 위기 상황에 대처하기 위해 국가들 간 서로 다른 이해관계나 이견들을 조율할 수 있는 공식 또는 비공식 대화채널을 제도화하는 것이다.

다자주의에 의해 만들어진 협의체로는 세계무역기구WTO, 우루과이 라운드UR, 도하개발어젠다DDA, 자유무역협정FTA 등이 그 대표적 예다. 다자주의와 대조되는 개념으로는 양자주의兩者主義, 지역주의地域主義, 쌍무주의가 있다.

다자주의는 원래 경제적인 문제를 해결하기 위하여 무역 분야에서 등장하였지만, 요즘에는 강대국들이 자신의 이익을 위하여 여러 분야에서 다자주의를 적용하고 있다. 대표적으로 외교 분야에서 다자주의를 채택하는 것을 다자외교라고 한다.

다자외교는 자국의 이익에 따라 특정 강대국과만 친하게 지내면서 각 나라의 외교 노선을 정하는 것이 아니라 여러 강대국과 두루두루 지내는 외교를 말한다. 예를 들어 미국 중심의 외교가 아닌 미국, 중국, 러시아 등과 다 잘 지내는 외교를 말한다.

02

多
边
主
义

다자주의와
대조되는 개념

다자주의와 대조되는 개념이 양자주의兩者主義, 지역주의地域主義, 국제주의國際主義, 쌍무주의雙務主義, 일방주의一方主義 등이 있다.

양자주의兩者主義

양자주의는 두 주권 국가 간의 정치적, 경제적 또는 문화적 관계를 친밀하게 갖는 것을 말한다. 단일 국가 또는 여러 국가가 공동으로 활동하는 일방주의 또는 한 국가를 중심으로 여러 나라들이 협력하는 다자주의와는 대조적인 개념이다.

양자주의에서는 국가 간에 서로를 주권 국가로 인정하고 외교 관계에 동의하면 양자관계가 맺어지게 된다. 양자관계를 맺은 국가는 대사와 같은 외교 대리인을 교환하여 대화와 협력을 촉진한다.

자유 무역 협정FTA 또는 해외 직접 투자FDI와 같은 경제 협정은 두 국가가 서명한 양자주의의 일반적인 예이다. 대부분의 경제협정은 국가의 경제적인 능력에 따라 서로 우대하기 위해 체결되기 때문에 상호 평등화된 원칙이 아닌 상황에 따른 차별화가 발생하게 된다.

따라서 양자주의를 통해 국가는 특정 계약 국가에만 적용되는 보다 맞춤화된 계약과 의무를 얻을 수 있다. 그러나 국가는 다자 전략보다 거래 비용이 더 많이 낭비되기 때문에 트레이드 오프에 직면하게 된다. 따라서 국가 간의 거래 비용이 낮으며, 경제적으로 생산자의 이익이 높을 때 선호하는 방식이다. 더욱이 이것은 영향력 있는 국가가 자유주의적 관점에서 작은 국가에 대한 통제를 원할 경우 효과적이다. 따라서 작은 국가가 큰 국가와 양자 협정을 구축하면 국가의 영향력이 커질 수 있다.

양자주의는 제1차 세계대전 이후에 많은 정치가들이 복잡한 전쟁 전 양자 조약 체계가 전쟁을 불가피하게 만들었다고 결론지었을 때 나왔다. 이것은 다자간 국제 연맹(26년 만에 실패로 해산됨)의 창설로 이어졌다.

대공황 이후 양자 무역협정에 대한 유사한 반응이 발생했는데, 그때 양자협정이 경기 침체를 심화시키는 관세 인상의 악순환이 발생하였다. 따라서 제2차 세계대전 이후 서방은 관세 및 무역에 관한 일반협정GATT과 같은 다자간 협정으로 눈을 돌렸다.

유엔과 세계무역기구WTO와 같은 현대적 다자체제의 높은 인지도에도 불구하고 대부분의 외교는 여전히 양자 차원에서 이루어진다. 양자주의는 대부분의 타협에 의존하는 다자주의에서 결여된 유연성과 용이성을 가지고 있다. 또한, 권력, 자원, 돈, 군비 또는 기술의 격차는 합의 중심의 다자외교에 비해 강대국이 긍정적인 측면으로 간주할 수 있는 양자 외교에서 강한 쪽이 더 쉽게 악용할 수 있다.

지역주의地域主義

지역주의regionalism 또는 지방주의地方主義는 중앙에 대하여, 지역의 독자성과 특수성을 살리고 지역 내의 자치성을 추구하는 주의를 말한다.

정치에서 지역주의는 특정 지역, 지역 그룹 또는 다른 하위 국가 단체의 국가적 또는 규범적 이익에 초점을 맞춘 정치 이데올로기이다. 이들은 정치 부문, 행정 부서, 문화적 경계, 언어 지역 및 종교 지리 등으로 구분될 수 있다.

지역주의자들은 지역 전체 또는 일부 주민들이 이용할 수 있는 정치권력과 영향력을 높이기 위해 노력한다. 지역주의적 요구는 주권, 분리주의, 탈퇴 및 독립과 같은 과격한 행보나 더 큰 자치권을 위한, 보다 온건한 캠페인에서 발생한다. 예를 들어, 국가의 권리, 지방 분권, 또는 계승이 필요할 때 지역주의가 이루어졌다.

지역주의자들은 이 용어의 엄격한 의미에서 강력한 중앙 정부를 가진 단일 민족 국가에 대한 연합을 지지한다. 그러나 그들은 연방주의의 중간 형태를 주장 할 수도 있다.

지역주의 지지자들은 일반적으로 중앙 정부를 희생하면서 한 지역 내의 치리회와 정치 세력을 강화하는 것이 더 나은 재정 책임, 지역 개발, 지역 사회의 자원, 지역 정책 및 계획의 실행, 지역 간 경쟁력을 강화시키려고 한다.

국제주의 國際主義

국제주의는 공동선을 위해 국가 간의 광범위한 경제, 정치적 협력을 옹호하고 지원하는 이데올로기를 의미한다. 국가와 지역에 따라 이 용어에 대한 이해가 다를 수 있다. 그 특징은 정치 활동이 특정 국가나 자국의 이익에만 초점을 맞추는 것이 아니라 인권 과 환경 보호 에 관심을 기울이는 등 전 세계적 인간 조건을 고려해야 한다는 점이다.

국제주의는 많은 해석과 의미가 있지만 일반적으로 민족주의와 고립주의에 대한 반대되는 개념이며 국제주의는 종종 UN과 같은 국제기구를 지원하고 다른 문화와 관습을 장려하고 존중하는 세계관을 장려한다.

국제주의는 일반적으로 국가와 국가 간의 정치 또는 경제적 협력 강화를 옹호하는 정치적 원칙이다. 그것은 다른 정치 운동 및 이데올로기와 연관되지만, 이데올로기 원칙, 신념 체계 또는 정치 운동 자체를 반영할 수도 있다.

국제주의자로 알려진 국제주의 지지자들은 일반적으로 인간이 국가적, 정치적, 문화적, 인종적 또는 계급적 경계를 넘어 단결해야 공동의 이익을 증진하거나 정부가 공통의 장기적 이익 때문에 협력해야 한다고 믿는다. 국제주의는 본질적으로 초국가적이거나 국제적인 여러 개념과 혼동되어서는 안 된다.

쌍무주의雙務主義

쌍무주의는 어떤 일의 직접적인 당사자 양국이 서로 의무를 지고 문제 해결을 모색하는 주의를 말한다.

일방주의一方主義

일방주의는 국가, 정당, 회사 및 기타 조직의 일방적 행동에 대한 모든 이론과 아이디어를 말한다. 이러한 행동은 다른 당사자를 무시하거나 약속하지 않을 수 있다. 다자주의와는 반대로 국제관계에서 외교정책 행태를 정의하는 데 사용되는 적절한 용어이다. 일방주의는 종종 민족주의와 헤게모니의 뉘앙스를 띠며 일방주의를 추구하는 것은 대개 중요한 영향력을 가진 조직뿐이다.

일방주의란 국제사회에서 상대적으로 지위가 높은 나라를 말하며 자국에 이로운 외교정책을 펼치기 위해 대부분의 나라 국민의 의사를 무시하고 국제사회의 흐름에 역행하며, 다른 나라의 이익을 무시하고 자신의 방식대로 행동하는 힘을 말한다.

시진핑의 다자주의

03 시진핑의 다자주의

多
边
主
义

　　2018년 10월 유엔총회에서 중국를 대표하는 중국외교부의 푸충傅聰 군축사장軍控司長이 국제 안전 문제 해결을 위한 방안으로 다자주의를 해야 한다고 주장하였다. 이는 미국 중심의 세력 결합에서 벗어나 전 세계를 상대로 중국식 다자주의 프레임을 구축하겠다고 선언한 것이다.

　　물론 다자주의가 중국에서 시작된 것이 아니어서 다른 나라들과의 외교전략도 중국의 전유물은 아니다. 한국도 미국 중심의 외교 전략에서 벗어나 대중 외교 전략이나 다른 나라들과도 외교 전략을 다자주의 틀 속에서 새롭게 구축해 나가고 있다. 특히 코로나19 사태 이후에는 한국과 중국 정상까지 나서 다자주의 협력을 모색하고 있다.

　　시진핑 주석은 2020년 3월 14일 문재인 대통령에게 코로나19와 관련 위로 전문을 보내 "감염병에는 전 세계가 동고동락하는 운명공동체"라고 전제하고 "중국이 힘닿는 데까지 한국의 방역을 돕겠다"고 했다. 이에 앞서 그 해 2월 20일에도 두 정상은 전화 통화를 갖고 양국의 코로나 19 임상 치료 경험을 공유키로 합의했었다.

이에 따라 한중 양국은 양국 외교부와 방역 당국 등 관계부처가 참석한 가운데 '한중 코로나 19 대응 방역 협력 대화(국장급)' 화상회의를 열어 양국 전문가들이 분야별 경험을 평가·공유하고, 방역·임상 정보 교류·방역물자 수급·기업인 활동 지원 등을 포함한 향후 협력방안을 논의했다.

문재인 대통령과 시진핑 국가 주석

2022년 1월 1일부로 일정한 구역 안의 포괄적경제동반자협정RCEP 이 발효되면서 전 세계의 최대 인구, 최대 규모의 거대한 발전 잠재력을 지닌 자유무역구가 탄생했다. 이로 인하여 회원국 간 무관세 품목

시진핑의 다자주의

이 크게 증가하였으며, 무역 투자의 자유화와 편리화를 추진했다. 그리고 협정 회원 간의 자유로운 무역 교류는 세계 경제의 회복이 부진한 상황 속, 각국은 지역경제 일체화를 추진하며 공동 발전과 번영을 촉진하고 있다. 이제 세계는 다자주의에 의한 글로벌 경제 거버넌스를 개선하기 위한 노력을 기울이고 있다.

일정한 구역의 역내포괄적경제동반자협정RCEP

2022년 2월 17일 강경화 외교부장관은 뮌헨 안보 회의에 참석하여 "다자주의의 기초가 된 민주주의, 법치, 인권 등의 가치가 더는 서구만의 것이 아닌 인류 보편적 가치"라며 다자주의 강화를 위한 한국의 역할과 기여 의지를 표명했다. 그는 이어 "지역 차원의 협력 메커니즘이 부재한 한반도 및 동북아 지역이야말로 다자주의 정신을 가장 필요로 하며 한반도 평화 프로세스의 진전이 더디지만, 지속적으로 추진하겠다"고 밝혔다.

강경화 외교부장관은 다자주의 실행의 한 예로 "한국은 비무장지대DMZ의 국제평화지대화 같은 다자 이니셔티브를 통해 한반도의 평화와 안전을 실질적으로 보장하기 위해 노력하고 있다"고 소개하기도 했다.

이는 앞으로 양국의 보건 위생과 안전 분야 협력을 동북아, 더 나아가 전세계로 확대하기 위한 다자주의적 접근이라고 할 수 있다.

강경화 외교부장관

2022년 10월 22일 안토니우 구테흐스 유엔 사무총장은 베트남의 하노이를 방문해서 베트남 지도자들과 다자주의 강화를 위해 협력하기로 했다. 구테흐스 사무총장은 전날인 10월 21일 응우옌 쑤언 푹 베트남 국가주석과 베트남의 수도인 하노이에서 회담을 열고 "앞으로 예측할 수 없는 세계 정치와 안보 상황 속에서 유엔을 중심으로 다자주의를 더욱 강화해나가자"고 합의하였다. 그리고 유엔과 베트남은 연대

시진핑의 다자주의

와 협력, 국제법 준수의 필요성도 강조하였다. 또한 유엔과 아세안(동남아국가연합)의 관계를 더 향상하고 지역 문제 해결에 역할을 해야 한다는 데 뜻을 같이했다.

안토니우 구테흐스 유엔 사무총장

　같은 날 2022년 10월 22일 중국 공산당 제20차 전국대표대회(당대회)가 베이징에서 성공적으로 폐막했다. 당대회는 중국식 현대화로 중화민족의 위대한 부흥을 전면적으로 추진하여 밝은 미래를 세계에 보여주고, 중국이 새로운 시대에도 이전과 마찬가지로 대외개방과 협력을 심화하고 세계평화와 발전을 촉진한다는 강력한 신호를 전달했다. 이처럼 세계는 다자주의를 표방하고 있으며, 빠르게 연계해 나가고 있다.

중국 공산당 제20차 전국대표대회

시진핑의 다자주의

04

조 바이든의
다자주의

　　시진핑 중국 국가주석이 다자주의를 강조함에 따라 조 바이든 미국 대통령도 다자주의 중요성을 인식하고 한목소리로 다자주의를 강조하고 있다. 이는 미국과 중국 간의 대결 구도가 무역, 외교, 국방 분야의 전략에서도 반복되는 양상이다. 하지만, 시진핑 중국 국가주석과 조 바이든 미국 대통령이 추구하는 다자주의에는 차이가 있다.

　　바이든 대통령은 대선후보 시절에 동맹을 맺어 온 국가들과 기존의 파트너를 맺은 국가들과의 연대를 기초로 하여 더욱 다자주의를 하겠다고 강조해왔다. 이는 중국이 다자주의를 표방하면서 동남아시아와 중앙아시아에서 세력을 넓히려는 의도를 저지하겠다는 뜻이다. 미국은 이전까지 양자구도에서 다대일多對一 구도를 구축하겠다는 뜻으로, 전임 트럼프 행정부가 중국과 양자구도를 형성한 것과는 차이가 있다.

조 바이든 미국 대통령

특히 양자주의를 추구했던 트럼프 전 대통령 때문에 국제기구나 협약을 탈회하여 기능을 무효화시킴에 따라 미국의 위상이 급격히 줄어들게 되었다. 이로 인하여 바이든 행정부는 다자주의에 입각하여 국제기구에 참가하여 미국의 입김이 커지게 하고, 미국의 영향을 정당화시키고자 하였다. 그래서 다른 국가와 함께 연대하기 위하여 세계보건기구WHO·세계무역기구WTO·파리기후협약 등의 각종 국제기구나 국제협약에 다시 참여하여 미국의 영향력을 높이려고 하고 있다.

미국은 그동안 자유민주적 질서를 이끈다는 명목 아래 국제기구를 주도하거나 영향력을 행사하였다. 그리고 통제를 용이하게 하기 위하여 비민주적인 국가들을 국제기구에 편입시켜왔다. 미국은 국제기구를 통해서 미국 주도의 국제질서를 자연스럽게 따르도록 하겠다는 취지였다. 그러나 미국 우선주의America First의 가치를 내세우던 트럼프 행정부는 미국의 영향력을 제대로 행사할 수 없는 국제기구에서 잇따라 탈퇴를 하였다. 이러한 강대국의 자리에 중국이 차지하면서 국제기구 내에서 중국의 영향력을 확대해 나갔다.

점차 중국의 영향력이 증가하면서 자유주의적 국제질서를 파괴하고, 훼손하는 방향으로 국제기구를 이용하고 있다는 사실을 미국은 인식하면서 대응책을 마련하기 시작하였다.

이에 따라 중국의 커지는 영향력에 부담을 느낀 바이든은 대선 후보 시절부터 행정부는 중국을 견제하기 위해서 자유민주적 가치를 중심으로 다자주의를 구체화해야 한다고 주장하였다. 그리고 조 바이든이 대통령에 당선되고 나서부터는 실제로 중국이 국제사회에서의 영향력을 줄이고 책임감 있는 국가로 변모하도록 각종 국제기구나 국제협약에 적극적으로 참가하여 압박해나가고 있다.

미국과 중국의
다자주의의 충돌

2021년 10월 30일 이탈리아 로마 누볼라 컨벤션 센터에서 열린 주요 20개국^{G20} 정상회의에서 조 바이든 미국 대통령과 시진핑 중국 국가주석은 세계 무역 질서를 둘러싸고 치열한 주도권 다툼을 벌였다.

조 바이든 대통령은 한국을 포함한 동맹국들을 중심으로 '공급망 정상회의'를 개최하였고, 이에 대하여 시 주석은 지금의 중국을 있게 한 세계무역기구^{WTO}의 핵심적 역할을 강조하는 등 '중국식 다자주의' 논리로 맞섰다.

조 바이든 대통

령이 G20 정상회의에 직접 참석하면서 중국에 대한 공세를 이어 나갔다. 이에 대하여 중국은 코로나 19 확산 국면에서 해외 순방을 중단한 시 주석은 영상 연설을 통해 미국의 공세를 방어하였다.

미국은 G20 정상회의를 계기 삼아 한국, 독일, 호주, 인도, 캐나다, 네덜란드, 이탈리아 등 자유민주주의 체제의 동맹국과 우방국들을 불러서 공급망 대책 회의를 통해 중국을 견제해야 한다고 하였다. 회의의 목적은 세계 경제를 지탱하기 위해 국제 공급망을 원활하게 해야 한다는 내용이었지만 조 바이든 대통령의 발언에서는 분명하게 중국을 견제하려는 의도가 다분했다.

조 바이든 대통령은 중국을 직접 거명하지는 않았지만 "우리의 공급망이 강제 노동과 아동 노동으로부터 자유롭고, 노동자의 존엄성과 목소리를 지원하고, 우리의 기후 목표에 부합하도록 보장하기 위해 지속 가능해야 한다"라고 말했다. 그리고 중국 신장新疆 지역에서 강제노동이 이뤄지고 있다고 비판하고, 중국의 탄소 배출 감축과 관련한 추가 의무 이행을 촉구해야 한다고 하였다.

또한 "하나의 통로에 의존하지 않도록 하기 위해 우리의 공급망은 다각적이어야 한다"라고 주장한 것은 중국에 대한 의존 탈피를 촉구하면서 미국 중심의 다자주의에 동참해야 한다고 주장하였다.

결국 미국은 2001년 중국의 WTO 가입을 지지함으로써 중국이 세계의 공장 역할을 하며 경제 대국으로 성장하는 길을 만들어주었던 미국이 이제는 경제적으로 급속하게 성장한 중국을 견제하기 위하여 새로운 공급망을 구상하고 있음을 알린 것이었다.

그러나 현실적으로 모든 공급망에서 중국을 배제하는 것은 사실상 불가능한 상황이기 때문에 반도체, 배터리 등 미중 기술 패권 경쟁, 결정적인 분야에서 중국과 구분된 별도의 공급망을 구축하려는 미국의 구상을 알린 것이었다.

이에 대하여 시진핑 중국 국가 주석은 G20 정상회의에 영상으로 참가해 "인위적으로 소그룹을 만들거나 이념으로 선을 긋는 것은 간격을 만들고 장애를 늘릴 뿐이며 과학기술 혁신에 백해무익하다"라며 동맹국을 중심으로 한 미국의 새 공급망 구축 시도를 우회적으로 비판했다.

그리고 시 주석은 또 "세계무역기구WTO를 핵심으로 하는 다자무역 체제를 유지하고 개방형 세계 경제를 건설하며 개발도상국의 권리와 발전 공간을 보장해야 한다"라면서 "분쟁 해결 메커니즘의 정상 작동을 되도록 빨리 회복해서 산업 체인과 공급 체인의 안정성을 유지해야 한다"라고 주장하였다.

이로 인해서 미국이 주장하는 다자주의와 중국식 다자주의 간에 갈등이 증폭되게 되었다.

06

多
边
主
义

한국의
다자주의에 대한 입장

　　　　　　　　　　　　　　　한국의 윤정부는 인도네시아 발리에서 개최한 시진핑 중국 국가주석과의 정상회담 모두발언을 통해 "지난 3월 통화와 8월 한중 수교 30주년 축하 서한을 교환하면서 새로운 한중협력 시대를 열어가자는데 공감했다"라고 말했다. 그러면서 "경제·인적 교류를 포함해 한반도 및 일정한 구역 안의 평화와 안정, 나아가 기후변화와 에너지 안보와 같은 글로벌 이슈에 대해서도 함께 소통하고 협력해 나가기를 기대한다"라고 덧붙였다.

　　윤 대통령은 "우리 정부의 외교 목표는 동아시아와 국제사회의 자유, 평화, 번영을 추구하고 기여하는 것이며, 그 수단과 방식은 보편적 가치와 국제 규범에 기반하고 있다"라고 말했다. 이어서 "국제사회의 자유, 평화, 번영을 추구하는 데 있어 중국의 역할이 매우 중요하다"라고 하면서 한국은 중국과 긴밀히 소통하면서 협력해 나가야 양국의 공동

이익에 부합한다고 강조했다.

이에 대하여 시 주석은 "세계가 새로운 격동의 변혁기에 접어들고 국제사회가 전례 없는 도전에 직면한 지금 중국과 한국은 이사할 수 없는 가까운 이웃이자 떼려야 뗄 수 없는 파트너이기 때문에 지역 평화를 유지하고 세계 번영을 촉진하는 데 중요한 책임이 있으며 광범위한 이익 관계가 있다"라고 말했다. 그러면서 "중국은 한국 측과 함께 중·한 관계를 유지 발전시키고 주요 20개국G20 등 다자간 플랫폼에서의 소통과 협조를 강화하며 진정한 다자주의를 함께 만들어 세계에 더 많은 긍정적인 에너지와 안정성을 제공하기를 원한다"라고 말했다.

시 주석의 '중국식 다자주의'는 미국이 주도하는 국제질서 체제 및 대중국 견제 전략을 비판하고 중국이 주도하는 다자주의에 한국의 동참을 요구하는 의미로 해석할 수 있다. 이에 대하여 윤정부는 중국과 한국의 관계가 매우 중요하기 때문에 각종 현안에 대항 함께 소통하고 협력해 나가기를 기대하며 바라고 있다.

시진핑의 다자주의

07

다자주의의
전망

多边主义

2022년 12월 9일 프랑스 국제 관계연구소**IFRI -
Institut français des relations internationales**에서 주최한 제15회 세계정책컨퍼런스
가 아랍에미리트**UAE** 아부다비에서 열렸다.

세계정책콘퍼런스의 '파편화된 세계에서의 지리경제학과 개발' 세
션에서 마수드 아메드 글로벌개발센터**CGD** 센터장, 베르트랑 바드레 블
루 라이크 언 오렌지 서스테이너블캐피털 최고경영자, 제프리 프리든
미국 하버드대 행정학 교수, 김흥종 대외경제정책연구원장, 빈센트 코
엔 경제협력개발기구**OECD** 경제검토국 부국장, 장마리 포감 세계무역기
구**WTO** 사무차장, 아미나타 투레 세네갈 국회의원 등의 글로벌 오피니
언 리더들이 참여하여 열띤 토론을 진행하였다.

글로벌 오피니언 리더들은 세계 경제의 파편화 현상이 갈수록 심
화할 수밖에 없다는 진단을 내놨다. 특히 미국과 중국 간의 갈등과 코

로나19 팬데믹이 촉발한 글로벌 파편화 현상은 러시아의 우크라이나 침공 사태, 미국의 대중 반도체 전방위 봉쇄 등 더욱 극단적인 형태로 표출되고 있다고 하였다.

이에 따라 GATT(관세 및 무역에 관한 일반협정)와 세계무역기구로 대변 됐던 국제 자유무역체제가 무너질 수 있다는 지적이 나왔다. 특히 세계 질서를 미국과 중국 중심의 편 가르기를 할 때는 세계 GDP 5%가 감소할 것으로 예측하였다.

하지만 지금의 무역과 관련된 문제를 해결하기 위해서는 "냉전과 같은 양극단의 시대로 회귀하려는 흐름을 막고, 다자주의에 기반한 연대와 협력의 국제질서를 재정립해야 한다"라고 주장하면서 연대와 협력에 기반한 국제질서를 복원하려는 노력이 필요하다고 하였다. 따라서 세계 경제의 효율적이고 지속 가능한 성장을 유지하기 위해서는 열린 세계를 유지할 수 있는 글로벌 거버넌스를 구축하고, 다자주의 정신에 입각해서 세계가 협력해야 한다는 것이다.

시진핑의 다자주의

제2장

시진핑의
다자주의

2017년 세계경제포럼WEF에서의
시진핑의 다자주의

세계경제포럼WEF; World Economic Forum은 매년 1~2월 사이 스위스의 고급 휴양지인 다보스에서 기업인과 경제학자, 저널리스트, 정치인 등이 모여 세계 경제에 대해 토론하고 연구하는 회의다. 1971년 처음으로 시작됐으며 세계경제포럼에서 논의된 사항은 세계무역기구WTO, G7 등 국제 경제에 큰 영향력을 미친다.

세계경제포럼은 전 세계의 경제적인 상황이나 문제를 개선하기 위해 포럼을 개최하며, 각국의 경제사업을 서로 연결하며, 지역사회의 산업적인 목표나 안건을 결정하며 독립적 비영리재단 형태로 운영된다. 본부는 스위스 제네바에 위치하고 있으며, 다보스에서 회의를 개최하기 때문에 다보스포럼Davos Forum이라고도 한다.

WEF는 1971년 1월 독일 출신의 제네바대학 경영학 교수인 클라우스 슈바브Klaus Schwab에 의해 창설된 유럽경영포럼European Management Forum

으로 출발을 시작했다. 세계경제포럼은 경제발전 없이 사회발전은 불가능하고, 사회발전 없이 경제발전이 지속되지 못한다는 원칙으로 운영되는 포럼이다. 스위스 다보스에서 열린 첫 회의에 400명의 유럽 경영인들이 참가하여 성황을 이루면서 지속적으로 열리고 있다.

2017년 1월 18일 시 주석은 세계경제포럼WEF 연차 총회 개막식에 참석하여 '시대적 책임을 함께 짊어지고 글로벌 발전을 공동 추진하자'를 주제로 한 기조연설을 발표했다. 시 주석의 연설에서는 경제의 국제화·자유무역주의로의 회귀를 강하게 요구하는 등 경제부문에 대한 메시지에 집중하였다.

표면적으로는 트럼프 행정부의 경제 노선에 대한 강한 불만을 표출한 것이었으나 그 이면에는 미중 간 무역전쟁에 대한 중국의 우려가 반영되어 있었다. 이와 비교했을 때 올해 연설에서는 바이든 시기 미중 관계에 대한 중국지도부의 더욱 엄중한 인식을 엿볼 수 있다.

시 주석은 연설에서 "소규모의 협력체를 구성하여 신냉전을 추구하거나 체제가 다르다는 이유로 타국을 배척하거나 위협해서는 안되며 공급사슬의 탈 동조화를 추구하거나 경제적 제재를 부과해서도 안된다"라고 주장하였다. 이는 바이든 행정부의 동맹 중심 다자외교를 비난한 것이며, 상호존중에 입각하여 상대국에 대한 내정간섭을 멈추어야 한다고 주장하였다. 그리고 냉전冷战·열전热战·무역전쟁贸易战·기술전쟁科技战 등 모든 형태의 대립과 갈등을 배척하였다. 결론적으로 시 주석은 조 바이든 미국 대통령에게 미중관계가 포괄적이고도 전면적인 갈등과 적대국면으로 치달을 수 있다는 점을 경고하고 있는 것으로 보인다.

이에 대하여 조 바이든 행정부는 연일 중국을 적대시하는 기조를 노골적으로 표현하였다. 지나 러만도Gina Rumando 미국 상무장관 후보자는 상원 인준청문회 2021.1.26.에서 중국의 불공정 무역관행에 대해 모든 수단을 동원하여 공격적으로 대응할 것이라고 발언하였다. 또한 토니 블링컨Antony Blinken 국무장관 후보자 역시 트럼프 정부의 대중 강경노선은 유지될 것이라고 밝혔다. 젠 사키Jen Psaki 백악관 대변인은 브리핑(2021.1.27.)을 통해 국제사회에 COVID-19 기원에 대한 진상규명 조사를 강력하게 요구하였으며 화웨이 통신장비의 사이버 안보 위협을 강조하면서 동맹국과 함께 클린 네트워크 보호에 앞장서겠다는 의지를 밝혔다.

시진핑의 다자주의

2019년 G20 정상회의에서의
시진핑의 다자주의

G20^Group of 20은 세계 주요 20개국을 회원으로 하는 국제기구를 말한다. G20은 G7을 20개 국가로 확대한 세계경제 협의기구로, 1999년 12월 정식으로 발족되었다. 이후 2009년 9월 G20 정상회의부터 정기적·계속적으로 열기로 합의하면서 세계경제문제를 다루는 회의나 포럼에서 최상위 포럼으로 위상을 가지게 되었다.

회원 20개국을 선정하는 데는 국내총생산^GDP · 국제교역량 등 경제 규모가 우선적으로 고려되어 선발한다. 현재 G20 회원국은 기존의 G7 인 미국, 일본, 영국, 프랑스, 독일, 캐나다, 이탈리아에 한국, 중국, 호주, 인도, 브라질, 멕시코, 인도네시아, 아르헨티나, 러시아, 터키, 사우디아라비아, 남아공 그리고 유럽연합^EU 의장국으로 구성되었다.

중국의 시진핑 주석은 2019년 6월 28일 일본 오사카에서 열린 제 14차 G20 정상회의에서 다자주의를 통해서 국제문제를 해결하고 인류 공동의 발전을 모색하자고 호소하면서 다자주의 필요성을 역설하였다.

약 10년 동안이나마 G20 국가들이 합의를 이루며 G20 정상회의를 작동시킬 수 있었던 것은 미국과 중국의 패권 경쟁이 잠재 상태에 있었기 때문이었다. 그러나 중국의 부상과 미국 패권 유지의 충돌 과정에서 미국과 중국 간의 무역전쟁이 발생하면서 G20 정상회의의 불안정이 심화되었다.

중국은 점차 군사력의 현대화, 일대일로一帶一路 구상Belt and Road Initiative, 중국 제조 2025Made in China 2025 등을 통해 힘을 축적하고 있었다. 그러한 중국에 대하여 미국의 우선적인 패권을 유지하려는 야망을 가지고 있었으므로 당연히 미국과 중국의 충돌로 인하여 무역전쟁이 발생하여 결국 G20 정상회의의 불안정으로 이어졌다.

의장국 일본은 미국과 중국의 경쟁을 완화할 뿐만 아니라 거버넌스로서 G20 정상회의를 유지하는 데에 도움이 되는 의제를 선택하려

하였다. G20 정상회의의 성공적인 마무리는 미국과 중국이 합의에 도달하는 것이 매우 중요하였다.

그러한 관점에서 일본 G20 정상회의는 미국과 중국의 패권 경쟁, 다자주의의 채택으로 인하여 정상회의의 방향성을 보여주는 분수령이 될 수 있었다.

이러한 상황에서 시진핑 국가주석은 6월 28일 오전 G20 정상회의가 열린 오사카에서 안토니우 구테흐스 유엔 사무총장을 만나 유엔이 나서서 다자주의에 대하여 지지해줄 것을 다음과 같이 요청하였다. "중국은 다자주의와 유엔이 국제무대에서 발휘한 적극적인 역할을 지지한다. 정세가 복잡할수록 유엔의 권위와 역할을 보여줘야 한다"라고 밝혔다.

또한 시 주석은 "전 세계가 유엔의 깃발 아래 더 큰 단결과 진보를 이루도록 노력해야 하며, 걸프 지역의 정세와 관련해 전쟁은 안되며 대화와 협상으로 해결해야 한다"라고 언급했다.

이에 대해 구테흐스 사무총장은 "현재 국제정세가 중요한 시기로 전 세계가 다자주의를 촉진하고 법치를 준수하려는 의지가 부족하다. 유엔은 중국이 한반도 문제의 정치적 해결을 ㄴ위해 노력한 점과 기후변화 대응, 지속 가능한 발전 공헌 등을 높이 평가한다"라고 말했다. 그러면서 "중국이 국제 문제에서 더 많은 지도력을 발휘해달라면서 유엔은 중국과 함께 다자주의가 국제사회의 주류가 되도록 노력하겠다"라고 덧붙였다.

시 주석은 G20 정상회의 본 회의 참석과 더불어 소규모의 중국·

아프리카 정상회의를 주재했다. 이날 회의에는 남아프리카, 이집트, 세네갈 대통령 등이 참석했다.

이날 회의에서 시 주석은 "중국과 아프리카는 중국 주도의 일대일로一帶一路(육상·해상 실크로드) 공동 건설을 강화하고 다자주의 수호에 나서기로 하면서 미국을 견제하자"라고 하였다. 그리고 "국제 정세가 변하거나 어떤 세력이 방해하더라도 중국과 아프리카가 협력하고 함께 발전하려는 초심은 변하지 않는다"라고 강조했다.

시진핑의 다자주의

03

多边主义

2019년 브릭스에서의
시진핑의 다자주의

브릭스BRICS는 2000년대를 전후해 빠른 경제 성장을 거듭하고 있는 브라질·러시아·인도·중국·남아프리카공화국의 신흥 경제 5국을 의미한다. 2001년 미국의 증권회사인 골드먼삭스 그룹의 보고서에서 처음 등장한 용어로, 당시 브릭스는 브라질Brazil·러시아Russia·인도India·중국China 등 4국의 영문 머리 글자를 딴 것이다. 2010년 12월에는 남아공이 공식 회원국으로 가입하면서, 브릭스는 기존 'BRICs'에서 'BRICS'로 의미가 확대되었다.

브릭스의 5개국은 1990년대 말부터 빠른 성장을 거듭하면서 신흥 경제국으로 주목받기 시작하였다. 경제 전문가들은 2030년 무렵이면 이들이 세계 최대의 경제권으로 도약할 것으로 보고 있다. 브릭스는 현재의 경제 성장 속도와 앞으로의 발전 가능성으로 예측해 볼 때, 성장 가능성이 가장 크다는 뜻에서 하나의 경제권으로 묶은 개념이다.

2019년 8월 6일 중국 선전에서 열린 2019 브릭스 미래 망 포럼에서 브릭스미래 망 연구소Institute of Future Networks 중국 지부가 설립됐다. 그 목적은 브릭스회원국 간에 협력을 심화하고, 브릭스회원국의 디지털 경제를 촉진하는 것이다.

2019년 11월 13~14일 양일간 제12차 브릭스 회의가 브라질 수도 브라질리아에서 '브릭스: 혁신적 미래를 위한 경제성장'을 주제로 브릭스 정상회의가 개최되었다.

브릭스 정상들은 전 세계적인 일방주의·보호주의를 비판했으며, 선진 7개국을 뜻하는 G7에 대항할 만한 세력으로 주목받고 있는 가운데, 선진국 중심으로 형성된 국제경제 거버넌스에 개혁을 촉구하였다.

중국 시진핑 국가주석은 브릭스 정상회의 화상회의에 참석해 기조연설을 진행하였다. 시 주석은 코로나19로 인해 글로벌 정세가 변화하

시진핑의 다자주의

고 있으며, 특히 글로벌 경제가 1930년 대공황 이후 가장 극심한 쇠퇴를 겪고 있다며 브릭스가 아름다운 세계를 만드는 데 기여를 해야 한다고 강조하였다. 그리고 "세부적으로 다자주의를 견지하고 세계 평화와 안정에 앞장서야 하며 이외에도 협력을 강화해 코로나19를 공동으로 대처해야 한다"라고 표명하였다.

또한 브릭스 회원국에 백신 R&O 센터를 건설할 것이라 밝히고, 브릭스 경제 간 협력을 촉진하기 위해 푸젠성과 샤먼에 신산업 혁신 센터를 건설할 것이라 약속하였다. 또한 빈곤, 교육, 위생, 인프라 등 방면의 지원을 강화할 것이라 강조하였으며, 마지막으로 2060년까지 탄소 중립을 달성하기 위해 박차를 가할 것이라 천명하였다.

04 2021년 세계경제포럼WEF에서의 시진핑의 다자주의

2021년 1월 25일 스위스 다보스에서 열린 세계경제포럼WEF은 글로벌 차원의 첫 번째 외교행사였다. 포럼에는 70여 개국에서 1,500명 이상의 주요 인사가 참석하였다. 이번 행사는 '신뢰 재건을 위한 결정적인 해A crucial year to rebuild trust'를 주제로 진행되었다. 시 주석은 세계경제포럼에 베이징에서 화상방식으로 참석하여 '인류의 앞길을 밝혀줄 다자주의의 등불을 밝히자'는 제하의 기조연설을 하였다.

시 주석은 지난 2017년 1월에 이어 두 번째로 세계경제포럼에서 기조연설을 하였다. 두 번의 연설 모두 미국의 신 행정부 출범을 전후하여 이루어진 셈이다. 시기적으로 보았을 때, 시 주석의 연설에는 미국의 새로운 행정부에 대한 메시지와 향후 미중관계에 대한 전망 등이 녹아있다.

시 주석은 기조연설에서 "팬데믹·경제침체·기후변화 등 인류가 직면한 위기를 극복하기 위해서는 개방적이고 포용적인 다자주의가 필요하다"라고 주장하였다. 그리고 미국 바이든 행정부가 추진하는 동맹국 중심의 폐쇄적 다자주의를 비판하면서 미국과의 차별성을 부각시켰다.

그리고 약 30분간 이어진 시진핑 주석의 연설은 크게 현시기 인류가 직면한 주요과제, 다자주의와 인류운명공동체 건설의 필요성, 중국의 역할을 다룬 세 부분으로 구성되었다. 그는 먼저 현재 인류가 당면한 공동의 주요 과제로 팬데믹 대응·경제회복·기후변화 등을 언급하면서 "어떠한 국제문제도 한 나라의 노력만으로는 해결할 수 없다"라고 하였다. 또한 "인류가 경험하고 있는 공동의 위기를 극복하기 위해서는 서로에 대한 편견을 버리고 상호존중과 평화공존·호혜의 기조 아래 국제사회의 모든 구성원이 참여하여 함께 노력해 나가야 한다"라고 강조하였다.

포스트 코로나 시기 미국과 중국 양국은 다자주의를 앞세우면서, 자국에 유리하게 글로벌 거버넌스를 주도하기 위해 치열한 경쟁에 돌입하였다. 이러한 양상은 직간접적으로 세계의 대외환경을 극히 불안하게 만들 수 있다. 따라서 각 국은 미국와 중국의 다자주의에 대하여 대응 기조와 원칙을 정립한 뒤, 정립된 원칙에 맞추어 대응해야 한다.

코로나19 국면에서 대립과 갈등을 주도해 왔던 미국과 중국이 적대적 관계에서 건전한 경쟁자 관계로 회귀할 수 있을지 여부는 포스트 코로나 시기 글로벌 거버넌스의 주요한 변수다. 이러한 관점에서, 비록 바이든 대통령이 불참했지만, 트럼프 행정부 집권 기간 미국의 공백을 메우며 글로벌 거버넌스에서 일정한 역할을 담당했던 중국 지도자의 메시지는 국제사회의 이목을 끌기에 충분했다.

"다자주의 횃불로 인류의 앞길을 밝히자让多边主义的火炬照亮人类前行之路"라는 연설문 제목에서 볼 수 있듯이 시주석 연설의 핵심 단어는 '다자주의'였다. 시주석은 인류운명공동체를 건설하기 위한 다자주의는 소수의 강대국이 주도하는 것이 아니라 다양한 이해 당사자가 참여하여 수립한 국제법에 기초하여 당면한 문제를 해결하는 것이라고 설명하였다. 즉, 다자주의는 모든 종류의 갈등과 대립을 지양하고, 역사·문화·사회체제를 뛰어넘어 모든 구성원이 평화·발전·평등·정의·민주주의·인권과 같은 인류 공동의 가치실현을 위해 협력하고 협의하는 제도적 기제이다.

시진핑의 다자주의

05

2021년 제76차 유엔총회에서의
시진핑의 다자주의

2021년 9월 21일 시진핑 중국 국가 주석이 화상으로 베이징에서 열린 제76차 유엔총회 일반토론회에 참석해 '신뢰를 강화하고 힘을 모아 어려움을 극복하고 더 나은 세상을 건설하자'라는 제목의 다자주의 중요성에 대한 연설을 했다.

시진핑 주석은 지난 1년 동안 세계는 100년 동안 보지 못한 중대한 변화를 겪었고 신종 코로나바이러스 감염증(코로나19)의 세계적인 대유행이 서로 얽혀 있다고 지적하면서 다음과 같이 말했다.

"다자주의는 모두의 일입니다. 우리는 함께 토론하고 추진하며 규칙을 함께 만들고 준수합니다. 하나 또는 여러 국가가 만든 규칙을 다른 국가에 강요할 수 없으며 개별 국가가 소위 강한 위치에서 시작하여 전 세계의 리듬을 설정할 수 없습니다.

그러나 세상에는 항상 정직한 척하지만 깊이 숨어있는 세력이 있고 표면적으로는 다자주의를 맹세하지만, 그들이 하는 일은 작은 원을 그려 이념적 대결을 벌이는 것입니다. 다자주의라는 이름으로 그들이 직접 한 일과 배후에서 한 일, 말한 것과 행동으로 한 일이 분명하지만 실제로는 일방주의입니다"

시진핑 중국 국가 주석 다자주의에 의하여 각국 인민은 평화 발전에 대한 기대를 더욱 간절히 바라고 공평 정의를 강력히 요구하며 협력 상생을 더욱 확고히 추구하였다.

그리고 시진핑 주석은 또한 연설에서 중국의 다자주의에 대한 입장을 다음과 같이 언급했다.

"올해는 중화인민공화국이 유엔에서 합법적 지위를 회복한 지 50주년이 되는 해이며 중국은 이 역사적 사건을 엄숙히 기념할 것입니다. 50년의 실천은 중국이 항상 세계 평화의 건설자이며, 세계 발전에 기여하는 국가이며, 국제 질서의 수호자, 공공재 제공자임을 증명했습니다."

유엔 총회 총토론에 참석한 시진핑 주석은 세계에 유일한 제도는 유엔을 핵심으로 하는 국제 제도라고 다음과 같이 지적했다. "단 하나의 질서가 있는데 그것이 바로 국제법에 근거한 국제질서입니다. 유엔 헌장의 목적과 원칙에 기초한 국제 관계의 기본 규범인 규칙은 단 하나뿐입니다."

그리고 시진핑 주석은 진정한 다자주의'를 강조했으며 궁극적인 목표는 단합과 협력의 길을 가는 것이라고 하였다. 그는 국가 간의 차이와 모순은 불가피하지만, 대화와 협력은 평등과 상호존중의 기초 위에서 이루어져야 한다고 간절히 말했다. 한 국가의 성공이 다른 국가의 필연적인 실패를 의미하는 것이 아니라 세계는 모든 국가의 공동 성장과 진보를 충분히 수용할 수 있기 때문이다.

"다양성은 세상의 기본적 특징이자 인류 문명의 매력입니다. 다자주의의 본질은 다양성 존중입니다. 모든 나라는 고유한 역사와 문화를 가지고 있고 각자의 국정에 맞는 발전의 길을 가야 하며 동시에 동등한 권리, 동등한 기회, 동등한 규칙이 필요합니다."

시진핑 중국 국가 주석은 사상으로 세계를 분단하고 온갖 형태의 신냉전과 사상대결을 벌이는 것은 다자주의 정신에 어긋나며 스스로 문제를 해결할 수도 없고 인류가 직면한 공동의 도전에 대처할 수도 없다고 하였다.

2021년 G20 정상회의에서의
시진핑의 다자주의

2021년 10월 30일 이탈리아 로마 누볼라 컨벤션 센터에서 열린 주요 20개국^{G20} 정상회의가 열렸다. 코로나바이러스 감염증-19 팬데믹 이후 첫 G20 대면 정상회의였다. G20 정상과 브루나이, 콩고민주공화국, 네덜란드, 싱가포르, 르완다, 스페인 정상들이 초청되었다. 일본, 러시아, 중국, 멕시코, 사우디아라비아의 정상은 대면 정상회의에 불참했다. 시진핑 중국 국가주석 대신 왕이 외교부장이 회의에 참가하였으며, 시 주석은 화상으로 연설하였다.

시진핑 중국 국가 주석은 연설에서 "현재 코로나19가 지속적으로 재확산하면서 세계 경제 회복세가 미약하고 기후변화의 도전이 두드러지며 지역 이슈가 빈번히 발생하고 있다"고 지적한 뒤, "세계에 100년 동안 없던 격변과 팬데믹에 마주해 G20은 국제적 경제 협력의 주요 포럼으로서 응분의 책임을 지고 인류의 미래와 국민의 복지를 위해 개방과 포용, 협력과 상생을 견지하고 진정한 다자주의를 실천해 인류 운명 공동체를 구축해야 한다"라고 밝혔다.

또한 "세계무역기구WTO를 핵심으로 하는 다자무역체제를 유지하고 개방형 세계 경제를 건설하며 개발도상국의 권리와 발전 공간을 보장 해야 한다"라고 다자주의의 필요성을 주장하였다. 그리고 "분쟁 해결 메커니즘의 정상 작동을 되도록 빨리 회복해서 산업 체인과 공급 체인 의 안정성을 유지해야 한다"라고 말했다.

그러면서 산업 체인과 공급 체인의 회복력과 안정성에 관한 국제 포럼을 개최할 것을 제안하고, 일대일로一带一路(중국-중앙아시아-유럽을 연 결하는 육상·해상 실크로드) 공동 건설을 위하여 협력해달라고 요청했다.

시 주석의 이런 발언은 미국의 중국 견제 행보에 정치는 유엔, 경 제는 WTO를 중심으로 한 다자주의를 강조함으로써 우군을 확보하려 는 의중을 재차 드러내었다고 할 수 있다.

2021년 중·러 화상 정상회담에서의
시진핑의 다자주의

미국을 중심으로 하여 동맹국들과 함께 중국에 대하여 압박 수위를 높이자 중국이 러시아와 공조를 통해 본격적인 맞대응에 나섰다. 중국은 러시아에 정상회담을 제안하였으며, 다른 국가들과도 협력을 적극적으로 확대해 나갔다. 이로 인해 미국과 중국 사이에서 '전략적 모호성'을 유지하고 있는 한국의 입지가 갈수록 더 좁아질 것으로 보인다.

2021년 12월 15일 시진핑 중국 국가주석은 블라디미르 푸틴 러시아 대통령과 화상 회담에서 "양측이 발전 기회를 공유하고 협력 파이를 확대해야 한다. 그리고 중러 관계의 지속적이고 높은 수준의 발전을 통해 두 나라의 부흥을 이끌어야 한다"라고 양국간 협력을 강조했다. 또한 시 주석은 첨단 과학 기술 산업, 원자력과 신재생 등 에너지, 전염병 퇴치 등을 양국 협력의 예로 들었다.

블라디미르 푸틴 러시아 대통령이 시진핑 중국 국가주석과 정상회담

시 주석은 그러면서 중국, 러시아와 함께하는 다른 국가들과의 협력 확대를 주장했다. 그리고 "중러는 상하이협력기구SCO 설립 이후 다른 회원국과 협력하여 '상하이 정신'을 지속적으로 강화해왔다. 중국은 지역 안보와 안정을 유지하기 위해 러시아 및 회원국들과 유연하고 다양한 협력을 계속 추진할 용의가 있다"라고 밝혔다.

상하이협력기구는 중국과 러시아를 비롯해 카자흐스탄·키르기스스탄·타지키스탄·우즈베키스탄·파키스탄·인도 등 8개국을 회원국으로 한다. 시진핑 국가 주석은 중국이 내년 브릭스BRICS 의장국을 맡게 되는데 회원국들이 다양한 분야에서 전면적으로 협력을 심화하도록 추진할 용의가 있다고 밝혔다.

그리고 중국은 진정한 다자주의의 실천을 옹호하고 다자 무역 시스템을 지원해 '브릭스+' 모델로 확장할 것이라고 말했다. 이는 브릭스 회원국을 기존의 브라질, 러시아, 인도, 중국, 남아프리카공화국 5개국 외에도 더 늘려 세력을 확대하여 세계 경제에 영향을 미치겠다는 것이다.

이에 대하여 푸틴 대통령은 "러시아와 중국의 전략적 협력은 국제법에 기반한 국제 질서를 공고히 하는 데 중요한 역할을 해왔다. 그리고 상하이협력기구 등을 통해서 다자간 협력을 계속 심화하겠다"라고 하여 중국과의 전략적 협력을 강조하며, 중국이 추진하는 다자주의에 적극적으로 참여하여 러시아의 세력 확산에 나설 의사를 밝혔다.

그리고 푸틴은 "아시아 태평양 지역에서 어떤 형태의 '소규모 서클' 형성도 단호히 반대한다. 그래서 모든 국가의 진정한 민주적 권리를 수호하는 문제에서 중국과의 소통을 강화할 것이다"라고 강조하였다. 이는 아시아 태평양 지역에서 경제적인 문제, 안보와 군사적인 행동을 중국과 같이 해결해 나갈 것을 의미하여 중국의 위상을 더욱 높이는 역할을 하였다.

2022년 뮌헨 안보회의에서의 시진핑의 다자주의

多边主义

2022년 2월 14~16일 독일 뮌헨에는 제56차 뮌헨 안보회의MSC2020가 열렸다. 뮌헨 안보회의는 국제 전략과 안보 정책 분야에서 가장 중요한 국제 포럼 중 하나다.

뮌헨 안보회의는 트럼프 미국 대통령 취임 이후 훼손된 자유주의 국제질서와 영국의 유럽연합EU 탈퇴 등으로 발현된 서구 자유민주주의의 퇴색 등에 대한 대처방안을 논의하자는 취지에서 '비서구화Westlessness'라는 주제로 열렸다. 뮌헨 안보회의에는 미국과 중국을 비롯하여 전 세계 70여 개 국가의 정치와 경제, 문화, 언론계 인사 350여 명이 참여해 진지한 토론을 벌였다.

회의에서 미국의 마이크 폼페이오 국무장관은 이례적으로 중국을 미국 국가안보에 대한 최대 도전국으로 규정하고 "국제질서가 직면한 가장 큰 도전은 세계에서 가장 인구가 많은 국가가 서방의 기술을 훔치고 주변국을 위협하며, 모든 수단을 동원해 전략적 우위를 점하려 한다" 하고 하면서 "5G 통신장비를 중국에 의존한다는 것은 우리의 파트너와 핵심 시스템이 파괴되거나 조종된다는 것을 의미한다. 그리고 중국의 첨단기술회사는 중국 정보조직의 트로이 목마이며 우리는 우리가 신뢰할 수 없는 시스템을 통해 정보를 유통시킬 수 없다"라고 하면서 중국이 지구상에서 가장 성공한 군사동맹인 북대서양조약기구 NATO를 위협하고 있다고 경고했다.

마이크 폼페이오 국무장관과 왕이王毅 중국 공산당 중앙정치국 위원

그리고 미국의 에스퍼 국방장관 역시 "중국의 세계적인 패권을 차지하기 위한 장기적인 목적을 밝혔고, 이에 따라 유럽과 기타 국가들은 중국의 위협에 대한 경각심을 가져야 한다"라고 강조했다. 그리고 "중국이 서구의 첨단 과학기술과 노하우를 훔치고, 주변국가들을

겁박하여 중국만의 이익을 추구하고 있으며, 2049년에 세계 지배를 지향하고 있기 때문에 중국의 전략에 맞서 세계는 미국을 중심으로 중국의 위협에 대응해야 한다"라고 주장했다.

이에 대한 중국의 왕이王毅 외교부장은 미국의 중국 비난을 모두 무시하고 그 이유를 미국의 국제관계 인식의 오류, 즉 협력과 상생의 다자주의가 아닌 '미국 단일주의' 추구에 있다고 반격했다. 그리고 "미국은 지구상에서 사회주의 대국의 성공을 원치 않는데 이는 불공평하다. 중국의 현대화 추세는 어떤 세력도 저지할 수 없다"라고 말했다. 왕이 부장은 미국 우선주의로 위기에 처한 자유민주주의를 구하기 위한 대안으로 '다자주의'를 제안했다. 그는 "동서 차이를 넘어 다자주의를 실행하자"는 제목의 연설을 통해 "인류사회는 이미 세계화 시대에 접어들었고 그래서 우리는 동서를 나누는 시각에서 탈피해 지구를 하나의 운명공동체로 인식하는 노력이 필요하다"라고 강조했다.

뮌헨 안보회의에서 미국은 미국을 중심으로 하는 경제 구조를 만들어야 한다는 '미국 우선주의'를 주장하였으며, 중국은 자신들의 이익을 대변하는 '중국식 다자주의'에 세계의 동참을 요구하였다. 미국과 중국의 갈등은 '뮌헨 신냉전'이라는 신조어까지 나올 정도로 양국 대립과 갈등은 치열했다.

회의에 참석한 회원국들은 중국의 대미 전략에 자신감을 표현한 중국식 다자주의에 대하여 많은 공감을 얻었다. 이로 인해서 세계는 중국이 추진하는 중국식 다자주의에 편승하려는 대응 방안들을 마련하고 있다.

시진핑의 다자주의

09

2022년 G20 정상회의에서의
시진핑의 다자주의

2022년 11월 16일 인도네시아 발리에서 열린 주요 20개국^{G20} 정상회의에 시진핑 중국 국가 주석은 3연임을 확정하고 다자 외교를 위해 참가하였다.

시 주석은 G20 정상회의 참석하여 첫날 조 바이든 미국 대통령과 3시간 넘는 마라톤회담을 가지고, 이튿날에는 G20 정상회의에서 연설을 하고 8개국 정상과 연쇄 회담을 했다. 시 주석은 이 자리에서 중국식 현대화와 탈동조화 반대, 다자주의 등을 내세우며 미국을 견제하면서 자신의 집권 3기 외교적 영향력 확대에 주력하는 모습을 보였다.

시 주석은 마크롱 대통령과의 회담에서 "중국이 높은 수준의 대외개방과 중국식 현대화를 추진하면 프랑스를 비롯한 세계 각국에 새로운 기회를 제공할 것"이라며 "양측이 글로벌 산업망과 공급망의 안정적이고 원활한 흐름을 유지하며 국제 경제무역 규칙과 질서를 유지해야 한다"라고 강조했다. 그러면서 "프랑스가 유럽연합EU의 독립적이고 적극적인 대중 정책을 이끌어 주길 바란다"라고 말했다.

시 주석은 네덜란드의 뤼터 총리와의 회담에서는 "세계는 하나로, 각국이 상호 협력해야지 탈동조화를 추구해서는 안 된다"라며 "중국은 네덜란드와 함께 진정한 다자주의를 수호하고 경제 세계화의 올바른 방향을 견지하길 원하며 네덜란드가 중국·유럽 관계의 건강하고 안정적 발전을 촉진하는 데 긍정적 역할을 하길 희망한다"라고 말했다.

시 주석은 스페인의 산체스 총리와의 회담에서는 중국을 글로벌 공급망에서 배제하려는 미국의 탈동조화 시도에 동참하지 말아 달라는 요구를 전달하였다. 한·중 정상회담에서도 시 주석은 글로벌 산업망과 공급망 안정, 경제협력의 정치화 반대, 다자주의 실천 등을 강조했다.

시 주석은 남아프리카공화국, 세네갈과의 정상회담에서는 개발도상국의 공동 이익과 중국식 현대화를 강조하며 개도국이 각자의 상황에 맞는 현대화의 길을 모색하도록 지원하고 일대일로—帶—路 프로젝트 등을 통한 협력을 강화하겠다는 의지를 밝혔다.

시 주석은 아르헨티나의 페르난데스 대통령과의 회담에서는 신흥 시장국이자 개도국으로서 양국 협력 필요성을 강조하며 "아르헨티나와 함께 진정한 다자주의를 실천하고 글로벌 발전 이니셔티브와 글로벌 안보 이니셔티브를 구현해 인류 운명 공동체 구축에 협력하길 바란다"라고 말했다.

시 주석은 G20 정상회의 연설에서는 "이데올로기로 선을 긋고 집단 정치와 진영 대항을 하면 세계 발전과 인류의 진보를 저해할 뿐이며 냉전적 사고는 이미 시대에 뒤떨어졌다"라고 하면서 "각국은 서로 존중하고 공존하여 개방적인 세계 경제 건설을 추진해야 하며 작은 뜰에 높은 담장을 구축하거나 배타적인 소집단을 만들어서는 안 된다"라고 말했다. 그러면서 "끊임없이 현대화를 향해 나아가는 중국은 세계에 더 많은 기회를 제공하고 국제 협력에 더욱 강력한 동력을 불어넣으며 전 인류의 진보에 크게 기여할 것"이라고 덧붙였다. 이는 미국의 대중 견제와 포위망 강화를 비판하면서 중국식 다자주의를 통해 전 세계에 기여하겠다는 의지를 강조하였다.

2023년 제20차 전국대표대회 보고에서의
시진핑의 다자주의

시진핑 중국 국가 주석은 중국공산당 제20차 전국대표대회 보고에서 "중국은 글로벌 거버넌스 체제의 개혁과 건설에 적극 참여하고 광범위한 협의, 공동기여, 공동이익이라는 글로벌 거버넌스 이념을 실천한다"고 지적했다. 그리고 "진정한 다자주의를 고수하고 국제 관계의 민주화를 실천하며 글로벌 거버넌스를 촉진한다. 거버넌스는 보다 공정하고 합리적인 방향으로 나아가고 있습니다."라고 하였다.

인류의 미래와 운명의 정점에 서 있는 시진핑 중국 국가 주석은 주요 행사에서 중국의 글로벌 거버넌스 개념을 반복적으로 설명하고 '진정한 다자주의 수호'를 강조하며 불확실성으로 가득 찬 세상에 긍정적인 에너지를 주입하고 있다.

시진핑 중국 국가 주석은 "다자주의의 본질은 국제사무를 모두가 논의하고 처리해야 하며, 세계의 미래와 운명은 모든 국가가 통제해야 한다는 것"이라고 지적했다. 시대와 함께 전진하고 안주하지 않으며 확고부동하게 진정한 다자주의를 견지하고 실천하며 세계 평화와 발전, 공동번영을 촉진하기를 주문하고 있다.

중국은 진정한 다자주의의 기치를 높이 들고 세계에 유일한 제도인 유엔을 핵심으로 하는 국제체제, 단 하나의 질서인 국제법에 기초한 국제질서, 국제 관계의 기본 원칙. 193개 회원국이 있는 유엔은 오늘날 세계에서 가장 권위 있고 보편적이며 대표적인 정부간 국제기구이며 다자주의를 실천하는 중요한 장소다.

국제법규는 유엔 회원국끼리만 공동으로 제정할 수 있고 개별국가나 국가집단이 결정할 수 없다. 유엔 헌장은 국가 간 관계를 규율하는 기본 규범이자 전체 국제법 체계가 작동하는 초석으로 인식되고 있고 반드시 준수되어야 하며, 중국은 줄곧 유엔의 권위와 지위를 유지해왔으며 유엔과의 협력도 심화되고 있다.

중국은 유엔 안전보장이사회 상임이사국의 직책과 사명을 충실히 이행하고 유엔 헌장의 목적과 원칙을 수호하며 국제사무에서 유엔의 핵심적 역할을 수호해야 함을 의미하고 있다.

그리고 시진핑 중국 국가 주석은 세계, 시대, 역사의 전례 없는 변화에 직면해 인류운명공동체 구축을 추진할 것을 창의적으로 제안했다. 인류 운명공동체를 건설하는 것은 시진핑 외교사상의 핵심이념으로 중국공산당의 세계감정과 사명을 다음과 같이 말했다. "우리는 세계 각국이 평화, 발전, 공평, 정의, 민주주의, 자유, 모든 국가 사람들

간의 상호 이해를 촉진하고 세계 문명의 다양성을 존중하기 위해 문명 장벽을 초월하는 문명 교류, 문명 갈등을 초월하는 문명 상호 학습, 문명을 초월하는 문명 공존 우월하고 다양한 글로벌 도전에 공동으로 대응해야 한다. 그리고 모든 인류의 공통 가치는 더 나은 세상을 공동으로 건설하기 위한 올바른 개념 지침을 제공합니다. 우리가 함께 세계를 걷는 한 모든 국가는 조화롭게 살 수 있고, 협력하고 상생할 수 있으며, 세계의 더 나은 미래를 만들기 위해 함께 노력할 수 있습니다.”

중국은 진정한 다자주의를 실천하고, 인류운명공동체 건설 이념을 양자 교류 강화, 지역 협력 심화, 국제 문제 해결 등 다양한 차원에서 이념에서 행동으로 전환하기 위해 노력하고 있다.

일대일로의 공동 건설은 공동 발전과 번영을 촉진하고 인류 운명 공동체 건설을 촉진하는 중요한 관행이며, 글로벌 발전의 새로운 장을 열었다.

시진핑 중국 국가 주석은 보고에서 “중국은 151개 국가 및 32개 국제기구와 '일대일로' 공동 건설에 관한 200개 이상의 협력 문서에 서명했다. 중국과 참가국은 폭넓은 협의, 공동기여, 공동이익의 원칙을 견지하고 '일대일로' 공동 건설의 고품질 발전을 추진하며 평등협상을 바탕으로 더 많은 발전 공감대를 모으고 발전 기회를 공유하고 있다”고 주장했다.

제3장

다자주의의 역사

케네디라운드

다자주의는 원래 지역주의가 중심이 되었던 국제무역에서 미국이 전통적으로 추구해온 또 다른 신념이었다. 기존의 지역주의에서 벗어나 다자주의가 보편화된 것은 오랜 세월 동안 미국이 국제적인 무역 협상 회담에서 성공적인 결과를 얻어낸 결과라고 할 수 있다. 이를 계기로 미국은 세계적으로 리더십을 발휘하면서 영향력을 행사하기 시작하였다.

최초의 다자주의는 케네디라운드로Kennedy Round부터 시작되었다. 케네디라운드는 관세 및 무역에 관한 일반 협정GATT에 관련된 6차례의 회의를 당시 미국의 대통령이었던 존 F. 케네디가 주제를 제안했기 때문에 이런 이름이 붙었다.

'라운드'란 무역과 관련해 여러 나라들이 함께 모여 벌이는 다자간 협상 회의를 말한다. 따라서 케네디라운드는 무역에 관련된 관세 교섭을 뜻하는 다른 명칭이다.

케네디라운드 회의

관세 및 무역에 관한 일반협정GATT·General Agreement on Tariffs and Trade이
란 관세장벽과 수출입 제한을 제거하고, 국제무역과 물자교류를 증진
시키기 위해 1947년 제네바에서 미국을 비롯한 23개국이 조인한 것으
로 제네바관세협정이라고도 한다. 1995년 세계무역기구WTO로 대체되기
전까지 120여 개국이 가입했으며, 한국은 1967년 4월 1일 정회원국이
되었다.

케네디라운드는 1964~1967년 3년 동안 54개국이 참가했으며, 모
두 6차례 회의가 열렸다. 첫 회의는 1964년 5월 4일 스위스 제네바에서
개최됐다. 관세 및 무역에 관한 일반 협정GATT의 5차 회의인 딜론라운
드부터 '라운드'라는 이름이 사용됐으며 케네디라운드는 '라운드'라는
이름이 붙은 두 번째 회의였다. 회의의 주요 주제는 관세 및 무역에 관

한 일반 협정에 참가한 국가들끼리 5년 동안 관세를 50% 내리자는 케네디 대통령의 주장에 따른 것이었다.

미국의 케네디 대통령이 이런 주장을 하게 된 이유는 당시 유럽 국가들이 경제공동체를 결성해서 세계 무역 시장에서 서로 공통된 단체 행동을 하기 시작했기 때문이다. 특히 1958년 결성된 유럽공동체EC의 뿌리인 유럽경제공동체EEC는 유럽 국가들끼리는 관세를 인하하면서 미국 등 대외 국가에는 공동 관세율을 설정하는 등 미국을 견제하고 있었다.

역외 국가들에 대해 공동 관세를 설치하여 미국이 유럽의 시장에서 소외되려 하자, 1962년 6월 케네디 대통령은 미국 의회에서 통상확대법Trade Expansion Act을 통과시키고 관세 교섭을 제창해 유럽경제공동체 관세장벽의 철거 및 세계무역의 자유화와 경제협력 체제의 확대를 꾀했다.

이에 대해서 미국은 케네디라운드에서 유럽경제공동체EEC를 겨냥해서 모든 공산품에 대해 50%의 관세를 인하하고 농산물에 대해서도 관세 장벽을 무너뜨리자고 다음과 같은 4가지를 제안하였다.

① 이전 GATT의 품목별협상 대신에 소수를 제외한 전상품에서 최종 50%에 이르는 점진적 관세의 인하, ② 협상에 공산품과 함께 농산품의 포함, ③ 관세와 함께 비관세 장벽도 토의, ④ 저개발국에 호혜주의를 적용하지 않는다.

이 제안은 유럽연합 국가들의 산업 보호를 지상 과제로 삼았던 유립경제공동체의 효과가 사라지게 됨에 따라서 강력한 반대를 하여, 미국이 제안한 협상안은 강력한 저항에 부딪히면서 난항을 겪었다.

그러나 1967년 5월 9일 미국이 "24시간 안에 미국이 제안한 협상안에 대해서 타협을 보지 못하면 통상 협상에서 철수하겠다"는 강한 의지를 발표하였다. 이에 대해 유럽경제공동체는 미국을 중심으로 한 국가들이 빠지면 유럽경제공동체 만의 관세율 인하가 의미가 없어지기 때문에 미국의 최종안을 받아들여 극적으로 협상이 타결됐다.

회담 결과 GATT 참가 54개 국가는 농산품과 공산품에 대해 관세율을 33~35%까지 인하하기로 합의했다. 실제 협정문은 무려 6만여 종류의 품목에 대한 자세한 협의 결과를 담았으며 문서 분량만 총 4,000페이지에 이르렀다.

무역에 관한 협상인 일명 '케네디라운드'로 권위를 인정받은 1962년 미국무역확대법U.S. Trade Expansion Act은 국가 간 무역의 80%를 차지하는 53개국이 평균 35%의 관세를 삭감하기로 합의함으로써 절정에 달했으며, 국가 간의 무역이 활발하게 진행되게 되었다.

02 도쿄라운드

多
边
主
义

제7차 관세 및 무역에 관한 일반 협정GATT에 관련된 회의가 1973~1979년에 제네바에서 개최되었다. 이 라운드는 1973년 9월에 일본의 도쿄에서 개최된 제6차 관세 및 무역에 관한 일반 협정 각료회의에서 채택된 도쿄선언에 의해 시작이 선언되었기 때문에 도쿄라운드라고 한다.

과거 6회의 라운드에 의한 관세 인하의 결과 이른바 비관세조치의 문제가 현저했기 때문에 비관세 장벽 문제를 본격적으로 다룬 최초의 라운드이기도 하다.

도쿄라운드Tokyo Round 또는 동경 라운드에서의 협상은 7가지의 협상 그룹에 의해 진행되었고 관세 및 무역에 관한 일반 협정의 기본 원칙에 관한 문제를 제기하였다. 하나는 비관세 장벽에 관한 협정의 당사국과 비당사국의 관계이다. 이것은 미국이 비당사국에 대해 협정상의 이익을

제공하지 않는다고 하였기 때문에 발생하였지만, 결의에 의해 비당사국
도 최혜국대우를 받을 것을 확인하고 종결되었다.

도쿄라운드 회의

협상의 성과로서 관세의 인하는 미국, 일본, 캐나다 등의 선진 9개
국 및 EC에 대해서 보면 단순평균으로 약 38%, MFN(최혜국대우) 기초의
가중평균으로는 약 33%로 되어있다. 비관세 장벽 문제에 대해서는 덤
핑 방지, 보조금·상쇄관세, 관세평가, 기준 인증절차, 수입허가절차, 정
부조달의 6가지의 협정이 작성되었고, 분야별 문제는 민간 항공기협정,
낙농제품 합의, 쇠고기 합의가 작성되었다. 그 외에 수권조항을 비롯한
협정이 성립하였다.

1979년 도쿄라운드의 성공으로 미국과 100여 개의 국가는 추가적
인 관세 삭감은 물론이고 수입할당제(쿼터제)와 까다로운 수입허가 절차
같은 비관세 장벽을 줄이기로 합의했다. 결국 도쿄 라운드에서 평균
33% 관세 인하, 비관세 장벽의 철폐가 정해졌다.

시진핑의 다자주의

03 우루과이라운드

多
边
主
义

우루과이라운드Uruguay Round는 1986년 9월 남미 우루과이의 푼타델에스테에서 개최된 제8차 관세 및 무역에 관한 일반협정GATT 회의를 말한다. 관세 및 무역에 관한 일반협정으로 출발하여 8번째인 1993년 12월 타결된 다자간 무역 협상을 말하며, 남미의 우루과이에서 개최되었기 때문에 우루과이라운드UR라고 한다.

관세 및 무역에 관한 일반 협정은 그동안 다면적·다각적인 라운드 교섭을 벌여 세계무역의 확대에 기여해 왔다. 그러나 국제 경제교류의 다양화에 수반하여 종래의 규칙으로는 감수할 수 없는 서비스무역·해외투자·지적소유권의 국제적 이전 등이 증대, 이들에 대한 새로운 규칙이 요구되었다.

또 1980년대에 들어 통상마찰과 관련된 지역 보호주의 움직임도 강화되어 왔기 때문에 새로운 교섭 방법이 필요하게 되었다. 그동안 미국이 누렸던 절대적 우위에 기초한 국제 경제질서가 붕괴되어, 세계 자본주의의 중심이 미국·일본·유럽공동체 등으로 다극화되었다. 특히 1980년대 들어서 미국은 자국의 농업공황, 제조업 쇠퇴, 서비스산업 팽창이라는 산업구조의 어려운 변화와 경상수지의 적자에 직면하게 됨에 따라 새로운 무역 질서 구축이 절대적으로 필요하여 시도하게 되었다.

우루과이라운드 회의

우루과이라운드에서는 1986년 9월에 시작되어 거의 10년 만에 산업 관세를 줄이고, 나아가 비관세 장벽을 없애며, 농업 관세와 보조금 일부를 삭감하고, 지적 재산권에 대한 새로운 보호조치를 취하기로 합의했다. 그러나 무엇보다 중요한 것은 우루과이라운드에서 국제무역 분쟁을 해결할 새로운 구속 장치인 세계무역기구World Trade Organization를 창설하게 된 점일 것이다. 1998년 말, 미국이 WTO에 불공정 무역관행에 대해 42건의 불만 사항을 제기했고, 다른 국가들도 미국을 상대로 추가적으로 불만을 제기했다.

우루과이라운드는 1986년 9월 개시가 선언되고, 15개 분야로 나누어 교섭이 진행되었으며 1990년 말까지를 교섭 기간으로 하였다. 1989년 4월 각 분야에 대하여 중간 합의가 성립된 이후 본격적인 마무리 작업에 들어갔으나 농산물·지적소유권·서비스무역·섬유·긴급수입제한 등 많은 분야에서 대립, 5년 6개월을 끌어왔으나 1991년까지도 타결되지 못하였다.

유럽공동체EC; European Community통합에 우선순위가 주어졌을 뿐만 아니라 자국 농민에 대한 보조 정책의 축소 문제를 놓고 프랑스·독일 등 일부 유럽공동체EC국가들이 완강히 반대함으로써 협상 타결의 전망이 어둡다는 견해가 만만치 않았다. 그러나 결국 협상주도국인 미국과 유럽공동체간의 절충적인 협상을 통해 1992년 11월 농산물 협상이 타결됨으로써, 타결의 실마리를 제공하는 계기가 되었다.

특히 농산물 협상은 가장 많은 논란을 불러 일으켰다. 1987년 2월부터 본 교섭에 들어간 15개 협상그룹 가운데 하나로, 서비스 부문과 함께 가장 큰 관심의 대상인 동시에 첨예한 대립을 보이고 있는 분야가 농산물협상이었다. 농산물협상은 각 나라가 안고 있는 정치·경제·사회적 특성과 협상 당사국 사이의 기본적인 시각 차이로 인하여 협상의 어려움을 가져왔다. 협상의 주요 의제로는 국경보호조치의 완화, 농업 보조금의 감축, 수출보조금의 감축 내지는 철폐, 식품 위생 및 동식물 검역 기준의 설정 등이며, 여기에 농업의 비 교역적 기능과 개발도상국에 대한 우대 조치를 어느 정도 반영시키느냐는 것이 주요 관심 사항으로 되어왔다.

1990년 7월 미국의 입장을 주로 반영한 초안이 의장 직권으로 제출되었고, 1991년 7월 G7(선진7개국) 정상들이 이를 '협상 촉진의 수단'으로 활용하기로 합의하였다. 이후 농업의 국내보조 및 시장접근 부분 등에 관한 협상에서 협상당사국 사이에 감축목표 및 감축기간, 관세화 대상 품목 등을 놓고 좀처럼 합의가 이루어지지 못하다가 1992년 타결을 보기에 이르렀다.

미국은 다자주의에 헌신하면서도 최근에는 지역주의와 쌍무주의적인 무역협정을 추진했다. 이렇게 협상 통로를 좁힘으로써 더 광범위한 부문에서 더 쉽게 합의를 도출해 낼 수 있었다. 미국이 시작한 첫번째 자유무역협정은 미국과 이스라엘 간의 자유무역지대 협상으로 1985년에 시행되었고, 두번째 미국과 캐나다 간의 자유무역협정은 1989년에 발효되었다.

특히 후자의 협상은 미국과 캐나다, 멕시코가 참여한 1993년 북미 자유무역협정으로 발전하여 총 8조 5,000억 달러의 재화와 용역을 생산해내는 4억 명의 사람들에게 영향을 미칠 무역협정을 체결했다.

지역적 근접성은 미국과 캐나다, 멕시코 간의 무역을 활발하게 육성해왔다. 북미 자유무역협정으로 멕시코가 미국 제품에 부과하는 평균 관세는 10%에서 1.68%로 낮아졌고, 미국이 멕시코 제품에 대해 부과하는 관세는 평균 4%에서 0.46%로 낮아졌다.

다만 미국은 협의문에 미국이 소유하고 있는 특허권과 상표권, 판권, 무역 비밀에 관한 권리는 보호되어야 한다는 점을 포함시켰다. 최근 들어 컴퓨터 소프트웨어와 영화에서부터 의약품, 화학약품에 이르기까지 미국 제품에 대한 도용과 위조에 대한 우려가 높아지고 있기 때문이다.

多
边
主
义

도하개발어젠다

도하개발어젠다DDA; Doha Development Agenda는 2001년 11월 중동의 카타르의 도하에서 개최된 세계무역기구WTO 제4차 각료회의에서 합의되어 채택된 새로운 다자간 무역 협상이다. 도하개발어젠다는 영문 Doha Development Agenda의 앞글자를 따서 DDA라고도 한다.

도하개발어젠다는 1986년 9월부터 1993년 12월까지 진행되어 세계무역기구를 탄생시켰던 우루과이라운드Uruguay Round의 뒤를 이어 새로운 세계 무역 질서를 만들기 위한 것이다. 농업과 비농산물, 서비스, 지적 재산권 등의 다양한 분야를 포함한 무역 자유화와 함께 개발도상국의 경제개발 지원에도 초점을 맞추고 있다.

개발이란 이름이 붙은 것은 앞선 협상들과 달리 개도국의 개발에 중점을 두어야 한다는 개발도상국가들의 주장이 반영됐기 때문이다.

2001년 협상이 출범될 당시에는 2005년 이전에 일괄타결 방식으로 협상을 종료한다는 계획이었으나 농산물에 대한 수입국과 수출국의 대립, 공산품 시장 개방에 대한 선진국과 개도국 간의 대립 등으로 인해 협상이 부진해졌다.

도하개발어젠다 회의

1995년 1월 WTO가 출범한 뒤, 1998년 5월 제네바 제2차 각료회의에서는 무역자유화를 위한 뉴라운드를 출범시키기로 합의했다. 이듬해 12월 시애틀 제3차 각료회의를 거쳐 2001년 11월 도하에서 열린 제4차 각료회의에서 다자간 무역 협상이 합의됐다. 합의 당시에는 144개 회원국(2001년 현재 중국, 타이완 포함)이 참가해 11월 14일 뉴라운드 협정에 공식 합의함으로써 시애틀 제3차 각료회의의 실패를 극복하고 다자간 무역 기구의 위상을 갖추게 되었다는 평가를 받았다.

회원국들은 각료선언문 채택에 합의함으로써 이를 토대로 3년간 농업·서비스업·수산업·반덤핑 분야의 개별협상을 진행하는 한편

2002년 1월 말부터 2005년 1월 1일까지 공산품·농산품·서비스업 등 각 분야의 시장 개방 협상을 마쳐야 했다. 그러나 구체적 협상으로 들어가면서 상황은 복잡해졌다. 거의 모든 분야에서 국제 무역 질서를 전면적으로 개편하는 협상이니만큼 각국 간의 이해관계가 뒤얽혀 협상은 지지부진했다.

2003년 2월 농업부문 교역자유화 관련 초안을 마련해 도쿄에서 비공식 각료회의를 개최했으나 3개월간의 협상 끝에 비농업분야 합의안 채택에 실패했다. 그해 9월 멕시코 칸쿤에서 열린 제5차 각료회의에서 개도국과 선진국 간의 갈등으로 DDA 세부원칙의 기본골격에 대한 합의안 도출에 실패했다.

해를 넘긴 2007년 1월 조지 부시 미국 대통령과 주제 마누엘 바로수 EU 집행위원장은 DDA 협상 재개를 위한 회담을 갖고 스위스 다보스 소규모 통상 각료회담에서 DDA 협상을 재개하기로 합의했다. 그해 7월 농업·비농산물NAMA 분야 세부 원칙modalities 초안이 배포됐고, 2008년 7월 제네바 WTO 사무국에서 30개 주요회원국 통상각료회의가 개시됐다. 그러나 7월 말 G7회의와 주요국 통상각료회의에서 또 합의 도출에 실패해 DDA 협상은 결렬되고 말았다.

미국과 유럽연합EU은 여전히 도하 어젠다 협상 타결에 노력한다는 데는 입장을 같이하고 있다. 2010년 11월 양측 간 정상회담 이후 공동성명에서도 "DDA가 포괄적이면서 균형 잡히고, 또한 성공적인 결론에 조속히 이르도록 해야 한다는 것을 재확인했다"고 밝혔다.

미국, 유럽연합 등 선진국들이 비농산물, 서비스 등의 분야에서 추가 개방을 관철하고 중국, 인도, 브라질 등은 농업분야의 개방 수준을 확대하는 방식으로 협상이 이뤄질 가능성도 거론되고 있다. 하지만 한편에선 DDA 협상이 몇 차례나 타결될 듯하다가 무산된 점 등을 지적하며 타결 전망에 신중한 입장이다.

한국의 입장에선 DDA 협상이 타결될 경우 수입품목의 관세를 인하, 시장 개방을 확대해야 하는 것은 물론 국내 산업진흥 및 수출 확대를 위한 각종 보조금이 금지된다. 공산품 관세 인하, 반덤핑협정 개정 등에서 유리한 점이 있는 반면 쌀을 비롯한 농산물 개방 등에서 더욱 어려운 상황에 처하게 되면서 농민들의 극렬한 저항에 부딪히기도 하였다.

多
边
主
义

세계무역기구

세계무역기구WTO; World Trade Organization는 무역 자유화를 통한 전 세계적인 경제 발전을 목적으로 하는 국제기구로, 1995년 1월 1일 정식으로 출범하였다. 한국은 1995년 1월 1일 세계무역 기구WTO 출범과 함께 회원국으로 가입하였다. WTO는 영문의 World Trade Organization의 약자로 부르기도 한다.

세계무역기구WTO 회의

세계무역기구는 관세 및 무역에 관한 일반 협정인 가트GATT 체제를 대신하여 국제 무역 질서를 바로 세우고 우루과이라운드UR 협정의 이행을 감시하는 국제기구로, 본부는 스위스 제네바에 있다. 1994년 4월 15일 모로코의 마라케시에서 125개 국가의 통상대표에 의해 7년 반 동안 진행되어 온 우루과이 라운드 협상의 종말과 마라케시선언이 공동 발표되면서, 1995년 1월 1일 정식으로 출범하였다.

세계무역기구의 역할은 다양한데, 우선 우루과이 라운드 협정에서는 사법부의 역할을 맡아 국가 사이에서 발생하는 경제분쟁에 대한 판결권을 가지고, 판결의 강제 집행권을 통해 국가 간 발생하는 마찰과 분쟁을 조정한다. 또 관세 및 무역에 관한 일반 협정인 가트에 없었던 세계무역 분쟁 조정·관세 인하 요구·반덤핑 규제 등 준 사법적 권한과 구속력을 행사하며, 서비스·지적재산권 등 새로운 교역 과제도 포괄하여 세계교역을 증진시키는 역할도 하고 있다. 특히 다자주의를 지향하여 미국의 슈퍼 301조와 같은 일방적 조치나 지역주의 등을 배제한다.

세계무역기구는 총회, 각료회의, 무역위원회, 사무국 등의 조직으로 구성되어 있으며 이 밖에 분쟁해결기구DSB와 무역정책검토기구TPRB도 있다. 세계무역기구WTO는 합의제를 원칙으로 하며, 합의 도출이 어려울 경우 다수결 원칙1국 1표 원칙 과반수 표결에 의해 의사를 결정한다. 우리나라에서는 1994년 12월 16일 세계무역기구 비준안 및 이행 방안이 국회에서 통과되었다. 현재 회원국은 164개국이다.

06 자유무역협정

자유무역협정FTA; Free Trade Agreement은 국가 간 상품의 자유로운 이동을 위해 모든 무역 장벽을 완화하거나 제거하는 협정을 말한다. 영문 머리글자를 따서 FTA로 약칭한다. 특정 국가 간의 상호 무역 증진을 위해 물자나 서비스 이동을 자유화시키는 협정으로, 나라와 나라 사이의 관세 및 비관세 무역 장벽을 완화하거나 철폐하여 무역 자유화를 실현하기 위한 양국 간 또는 지역 사이에 체결하는 특혜 무역협정이다.

그동안 자유무역협정은 대개 유럽연합EU이나 북미자유무역협정 NAFTA 등과 같이 인접국가나 일정한 지역을 중심으로 이루어졌기 때문에 흔히 지역무역협정RTA:regional trade agreement이라고도 부른다.

2개 이상의 국가가 어느 정도 경제통합을 이루었느냐에 따라 자유무역협정FTA으로부터 단일시장single market에 이르기까지 다양한 단계가 있다. 회원국 간의 관세를 철폐하는 방식으로 무역 장벽을 완화하는 경제통합이 자유무역협정이며 NAFTA가 대표적인 예이다. 단일시장은 모든 회원국이 일정한 구역의 안의의 관세 철폐를 포함하여, 역외 공동관세 및 단일 통화 도입을 통해 경제를 통합하는 방식으로, EU가 대표적인 예이다.

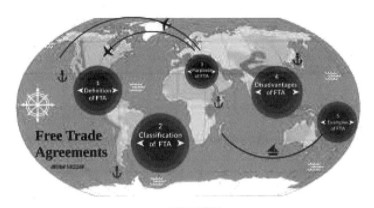

자유무역협정

세계무역기구WTO가 모든 회원국에게 최혜국 대우를 보장해 주는 다자주의多者主義를 원칙으로 하는 세계 무역체제인 반면, FTA는 양자주의 및 지역주의적인 특혜 무역체제로, 회원국에만 무관세나 낮은 관세를 적용한다. 시장이 크게 확대되어 비교우위에 있는 상품의 수출과 투자가 촉진되고 동시에 무역창출효과를 거둘 수 있다는 장점이 있으나, 협정대상국에 비해 경쟁력이 낮은 산업은 문을 닫아야 하는 상황이 발생할 수도 있다는 점이 단점으로 지적된다.

2002년 당시 WTO 회원국 가운데 거의 모든 국가가 1개 이상의

FTA를 체결하고 있으며, 효력을 유지하고 있는 협정만도 148개에 달했다. 우리나라는 1998년 11월 대외경제조정위원회에서 FTA 체결을 추진하기 시작하여 한국 최초의 한-칠레 FTA가 2004년 4월 1일부터 발효되었다. 이로써 2021년 2월 기준 56개국과 17건에 이르는 FTA가 체결되었으며, 다른 국가와의 FTA도 지속적으로 추진하고 있다.

시진핑의 다자주의

07

多
边
主
义

동남아시아국가연합

동남아시아 국가 연합東南亞細亞 國家 聯合; ASEAN 은 동남아시아의 지역 경제 공동체를 말한다. 동남아시아 국가 연합은 영어 이름을 줄여서 아세안ASEAN; Association of Southeast Asian Nations 으로도 부른다.

동남아시아 국가 연합에는 라오스, 말레이시아, 미얀마, 베트남, 브루나이, 싱가포르, 인도네시아, 캄보디아, 태국, 필리핀 등 9개국이 회원국이며, 전체 면적은 4,522,518㎢, 인구는 667,393,019명이다. 2022년의 국내총생산은 10조 2050억 달러이며 공식 언어는 영어를

ASEAN Member Countries

사용한다.

아세안ASEAN은 동남아시아 국가 연합을 말하며 1961년 7월 31일에 말레이시아 연방, 태국, 필리핀 등 3개국이 동남아시아 연합으로써 창설하였고, 이후 1967년 8월 8일에 말레이시아, 싱가포르, 인도네시아, 태국, 필리핀 등 최초 5개국 외교부 장관의 방콕 선언으로 창설하였다.

정치 안보 공동체, 경제 공동체, 사회 문화 공동체로 구성된 동남아시아 국가 연합 공동체를 2015년까지 창설하기로 2007년 1월에 합의하였다.

아세안은 공산주의의 일반적인 공포와 경제발전에 대한 갈증에 의해서 생성되었으며 브루나이는 독립을 획득한 후, 1984년 1월 7일에 6번째 회원이 되었다.

아세안 회의

아세안은 베트남 전쟁의 종전으로 인해 동남아시아에서 힘의 균형

이 변경된 1970년대 중반에 더 큰 응집력을 보였다. 1970년대에 지역의 역동적인 경제 성장을 위해 1979년 아세안의 첫 번째 정상 회담이 인도 네시아 발리에서 개최되었다. 캄보디아의 베트남 침공에 통합 된 응답을 채택하기 위해 만남을 강화하였다.

1976년, 여러 산업 프로젝트에 대한 합의 결과와 아미 티와 협력 조약의 서명 및 콩코드 선언을 했다. 1980년대 말에 미국과 소련 사이의 냉전의 끝은 아세안 국가들이 지역에서 큰 정치적 독립을 행사할 수 있게 되었고, 1990년대에, 아세안 지역 무역 및 보안 문제에 선도적인 음성으로 나타났다.

1995년 7월 28일, 베트남은 아세안의 7번째 회원이 되었다. 라오스, 미얀마는 1997년 7월 23일에 합류했다. 캄보디아는 정정 불안으로 인해 가입이 연기되었지만 1999년 4월 30일 확정 합류했다.

1990년 말레이시아는 미국과 증가하는 상호작용을 배가시키기 위해 미국과 중국, 일본, 한국으로 구성하여 아시아 태평양 경제 협력체 APEC과 같은 단체를 만들자고 제안했다. 하지만, 일본에서 미국의 완강한 반대로 인해서 좌절되었다.

1992년, 공통 유효 특혜 관세CEPT 방식은 단계적으로 관세를 세계 시장을 대상으로, 생산 기지로서 지역의 경쟁 우위를 증가시키기 위한 목표로 채택되었다. 이 법은 아세안 자유 무역 지대AFTA 계약을 만들어 냈다. 아세안 자유 무역 지대AFTA는 아세안 국가에서 회원국들간의 교역시 제한적 품목에 대한 관세인하 및 수량제한을 철폐하기로 한 지역 경제 통합체이다.

아세안 자유 무역 지대 협정은 싱가포르에서 1992년 1월 28일에 서명함으로써 맺어졌다. 한국은 IMF였던 1997년 이후에, 말레이시아의 주도 아래 태국의 치앙마이에서 아세안 국가뿐만 아니라 경제의 더 나은 통합을 요구하는 ASEAN + 3(한국, 중국, 일본)를 포함하자고 제안하였다. 아세안은 이후 설립되었다.

현실에 근거한 블록은 또한 지역의 평화와 안정에 초점을 맞추었다. 1995년 12월 15일, 동남아시아 비핵 지대 조약에서 '핵무기 자유 구역'이라는 조항은 필리핀을 제외하고 서명하였으며, 이후 1997년 3월 28일에 모두 서명하게 되었다. 2001년 6월 21일 필리핀 지역에서 모든 핵무기가 금지된 후 이 서명은 정식적으로 유효하게 되었다.

2008년 12월 15일, 인도네시아의 수도인 자카르타에서 아세안의 국가들은 "유럽 연합EU 스타일의 커뮤니티"로 바꾸기 위해 모였고, 2007년 11월에 이에 관련된 조약들을 체결하였다. 아세안은 법적 독립체가 되어, 동남아시아 인구 5억명을 포함하는 하나의 자유 무역 지역을 만들기를 목표로 삼았다.

인도네시아 대통령인 수실로 밤방 유도요노Susilo Bambang Yudhoyono는 "아세안이 통합하고, 사회에 자국을 변화시키기고 합일을 이룬다면 중대한 발전이 있을 것이다. 국제 체제가 급격하게 변화를 할 때, 아세안이 아시아 및 글로벌 문제에보다 기후 변화와 경제적 격변을 참조하면서 활발한 역할을 추구한다면 이 목표는 달성될 것이다. 그렇게 된다면 동남아시아가 더 이상 분할되거나 전쟁이 생기지 않을 것이다."라고 언급하였다.

2008년 글로벌 금융 위기는, 헌장에 의해 계획된 목표에 위협이 되었다. 이 제안은 본부가 제재를 가하거나 시민의 권리를 침해한 나라들을 처벌할 권한이 없어 효과가 제한될 수 있기 때문에 논란이 되었다. 본부는 2009년 이후 인권아세안정부간위원회AICHR로 설립되었고, 2012년 11월에, 미래의 정상회담에서 논의될 수 있는 제안으로 '아세안 인권 선언'을 채택했다.

역내포괄적경제동반자협정

역내포괄적경제동반자협정RCEP; Regional Comprehensive Economic Partnership은 아시아·태평양 지역을 하나의 자유무역지대로 통합하는 아세안+6 FTA를 말한다. 이는 기존의 동남아시아국가연합 ASEAN 10개국과 한·중·일 3개국, 호주·뉴질랜드 등 15개국이 참여한 협정을 말한다.

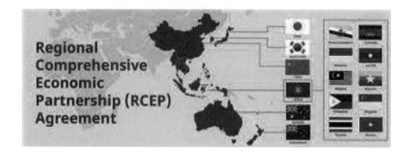

2019년 11월 4일에는 역내포괄적경제동반자협정RCEP의 설립에 대하

여 의결되었으며, 2020년 11월 15일에는 역내포괄적경제동반자협정의 최종 타결 및 서명이 이뤄졌다. 그리고 마침내 2022년 1월 1일에는 비준을 마친 나라들에서 역내포괄적경제동반자협정이 공식 발효되었다. 우리나라는 국회 비준이 늦어져 2022년 2월에나 발효되었다.

역내포괄적경제동반자협정은 동남아시아국가연합 10개국과 한·중·일 3개국, 호주·뉴질랜드 등 15개국이 관세장벽 철폐를 목표로 진행하고 있는 일종의 자유무역협정FTA이다. 인도를 포함한 16개국이 진행했으나 저가 제품을 주로 생산하는 인도가 중국과의 경쟁을 우려해 협상에서 빠지면서 2019년 11월 4일 15개국의 협정이 타결됐으며, 2020년 11월 15일 최종 타결 및 서명이 이뤄졌다.

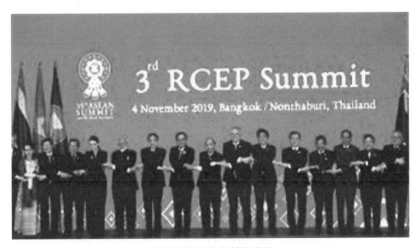

역내포괄적경제동반자협정 회의

2021년 11월 2일 오스트레일리아와 뉴질랜드 정부가 해당 협정을 비준하면서 발효 요건이 충족돼, 2022년 1월 1일부터 역내포괄적경제동반자협정이 공식 발효됐다.

역내포괄적경제동반자협정에 따르면 아세안 회원국 최소 6개국과 아세안 비회원국 최소 3개국이 비준서를 아세안 사무국장에게 기탁하면 기탁일로 부터 60일 뒤, 비준서 기탁국들부터 협정이 발효된다. 이에 따라 비준을 마친 중국, 일본, 브루나이, 캄보디아, 라오스, 싱가포르, 타이, 베트남, 오스트레일리아, 뉴질랜드 등 10개국부터 발효되었다.

우리나라의 경우 국내 절차가 지연되면서 산업통상자원부 등이 2021년 10월 1일 국회에 비준안을 제출했고, 이 비준안은 그해 12월 2일 국회 본회의를 통과했다. 이에 실제 발효까지는 60일 정도가 걸려 2022년 2월 발효되었다.

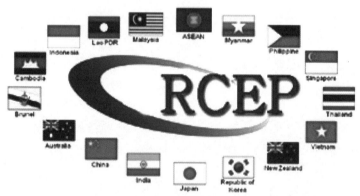

Regional Comprehensive Economic Partnership

多
边
主
义

환태평양경제동반자협정

일본 주도로 아시아·태평양 11개국이 참여하는 포괄적·점진적 환태평양경제동반자협정TPP; Comprehensive and Progressive Agreement for Trans-Pacific Partnership으로, 2018년 12월 30일 발효되었다. TPP는 Trans-Pacific Partnership의 약자로 부른다.

환태평양경제동반자협정 회의

참여 국가로는 일본, 캐나다, 호주, 브루나이, 싱가포르, 멕시코, 베트남, 뉴질랜드, 칠레, 페루, 말레이시아 등 총 11개국이다. 이는 기존에 미국과 일본이 주도하던 환태평양경제동반자협정TPP에서 미국이 빠지면서 일본 등 아시아·태평양 11개국이 새롭게 추진한 경제동맹체로, 2018년 12월 30일 발효되었다.

11개 참여국 중 6개국 이상이 비준 절차를 완료하면 60일 후 발효되는데, 멕시코를 시작으로 일본·싱가포르·뉴질랜드·캐나다에 이어 호주가 2018년 10월 31일 자국 내 승인 절차를 완료하면서 그해 12월 30일 발효됐다.

이 협정이 발효되면서 총 인구 6억 9000만 명, 전 세계 국내총생산 GDP의 12.9%·교역량의 14.9%에 해당하는 거대 규모의 경제동맹체가 출범하게 되었다. 이 경제협력체는 트럼프 행정부의 보호무역주의 장기화에 맞서 자유무역 기조를 유지하며, 미국의 양자 협정에 대항하기 위한 기구로서의 역할을 수행하기 위해 출범된 조직이다.

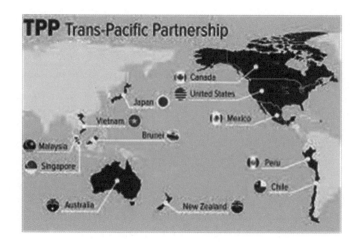

인도·태평양경제프레임워크

인도태평양 지역에서 중국의 경제적 영향력 확대를 억제하기 위해 미국이 주도하는 다자 경제협력체로, 2022년 5월 23일 공식 출범했다. 인도·태평양경제프레임워크**IPEF; Indo-Pacific Economic Framework**는 조 바이든 미국 대통령이 2021년 10월 처음 제안한 것으로, 상품·서비스 시장 개방 및 관세 인하를 목표로 하는 기존의 무역협정과 달리 디지털·공급망·청정에너지 등 새로운 통상 의제에 공동 대응하기 위한 목표를 갖고 있다.

인도·태평양경제프레임워크**IPEF**는 인도태평양 지역에서 중국의 경제적 영향력 확대를 억제하기 위해 미국이 동맹·파트너 국가를 규합해 추진하는 다자 경제협의체로, 2022년 5월 23일 공식 출범했다. 이로써 인도·태평양경제프레임워크는 바이든 미 대통령이 2021년 10월 동아시아정상회의**EAS**에서 처음 제안한 지 7개월 만에 출범이 이뤄졌다.

인도·태평양경제프레임워크 회의

　　인도·태평양경제프레임워크 회의의 참가국은 미국과 한국, 일본을 비롯해 호주, 인도, 브루나이, 인도네시아, 말레이시아, 뉴질랜드, 필리핀, 싱가포르, 태국, 베트남 등 13개국이다. 인도·태평양경제프레임워크 참여국의 국내총생산GDP을 합치면 전 세계의 40%를 차지한다.

　　인도·태평양경제프레임워크 회의는 중국이 세계 최대 자유무역협정인 일정한 구역 내의 안의포괄적경제동반자협정RCEP을 주도하는 등 인도·태평양의 경제 영토 확장에 나서며 영향력을 키우는 것을 저지하기 위한 목적으로 미국이 주도하면서 이뤄졌다. 중국이 주도하는 일정한 구역의 역내포괄적경제동반자협정은 동남아시아국가연합ASEAN 10개국과 한·중·일 3개국, 호주·뉴질랜드 등 15개국이 참여해 2022년 1월 1일 비준을 마친 나라들에서 공식 발효됐고, 우리나라에서는 2022년 2월 발효된 바 있다.

인도·태평양경제프레임워크는 관세 철폐 및 인하를 목적으로 하는 전통적인 자유무역협정FTA과는 다르게 다음과 같은 목표를 가지고 있다.

① 디지털 경제 및 기술 표준

② 공급망 회복

③ 탈탄소·청정에너지

④ 사회간접자본

⑤ 노동 기준 등 신新통상 의제에 공동 대응

특히 글로벌 무역, 공급망, 탈탄소·인프라, 탈세·부패 방지 등 4대 의제에 집중한다. 또 인도·태평양경제프레임워크는 일괄 타결이 아닌 항목별 협상이 가능하며, 조약이 아닌 행정협정이기 때문에 국회 비준을 받지 않아도 된다.

제4장

중국 외교의 방향

01 중국의 지역주의 배경

多
边
主
义

미국과 소련 간의 냉전이 종식되면서 세계의 무역과 외교는 급속한 변화를 시작하였다. 냉전이 종식되면서 이후 국제사회에서는 상호 모순되는 두 가지 큰 흐름이 일어났다. 하나는 1980년대 이후에 하나는 국제무역기구WTO의 출범으로 인하여 세계적인 단일시장을 형성하는 흐름이 있었다. 다른 하나는 세계적인 단일 시장과는 별개로 지역주의에 의하여 지역적 차원의 국가들 간에 조직화하려는 흐름이 본격화되고 있었다.

세계적인 단일 시장을 만들려는 것을 '세계주의globalism 또는 다자주의Multilateralism' 라고 부르고, 국제무역기구를 중심으로 세계를 단일 시장으로 형성하는 것을 의미한다. 지역적인 차원에서 국가들 간의 조직화를 '지역주의regionalism' 라고 부르며, 세계는 전 지구적 차원이 아닌 유럽공동체EC, 동남아시아국가연합ASEAN, 브릭스BRICS와 같은 지역 단위에서 초국가적인 협력관계를 유지하고 제도화하려는 지역주의의 흐름이 본격화되었다.

　현실적인 관점에서 보면 지역주의는 초국가주의 현상이 아니고 자국의 이익을 유지하고 챙기려는 국가중심주의에 기초를 두고 있기 때문에 기존의 주권 국가를 보완하는 형태로 진행되고 있는 현상으로 볼 수 있다. 즉, 주권 국가에 생길 수 있는 각종 위기를 감소시키거나 극복하면서 일국의 국가이익을 최대로 보장받기 위한 수단에 불과하다는 것이다.

　중국이 지역주의를 강화하려는 이유가 이러한 목적 아래에 이루어지고 있다고 할 수 있다. 특히 중국은 덩샤오핑鄧小平에 의하여 개혁개방 정책을 실시하여 개혁개방 이후 놀라운 경제 성장을 이루면서 사회의 급격한 변화가 찾아오게 된다. 이러한 변화는 중국의 대외정책의 근본적인 변화를 요구하게 되었다.

덩샤오핑鄧小平

개혁개방 이전에는 중국의 독자적인 외교 노선을 유지하면서 강대국 우선의 외교 전략을 유지하고 있었다. 그러나 사회의 급격한 변화는 이러한 외교 전략에서 탈피하여 중국 주변 국가와의 관계를 개선하는 선린우호 정책의 추진을 요구하고 있었다. 또한 이를 위해 일정한 구역 안의 블록화를 적극적으로 추진해 나아가기 시작했다.

이는 중국의 대외정책이 강대국을 상대로 하는 대국 외교와 중국 주변 국가와의 선린외교로 세분화되면서 중국의 대외정책에 새로운 전환기가 도래하였음을 의미한다.

특히 중국의 대외 정책의 우선 목표가 경제 성장을 제일의 기준으로 재조정되고, 중국의 대외 정치·경제적 환경의 세계체제로의 병합이 심화되어 갔다. 이에 따라 중국의 지역주의의 강화 양상이 선명하게 드러났으며 이는 다음 네 가지 원인에 기초한다.

1) 경제 성장 우선주의를 채택

중국은 경제성장 우선주의를 채택하면서 우선 평화로운 국제환경이 조성되기를 희망하였다. 그러나 중국을 둘러싸고 있는 국제환경은 비교적 많은 위험성을 내포하고 있다. 한반도 문제, 대만 문제, 중국과 동남아시아 국가 간의 국경 분쟁, 그리고 이제 막 구소련에서 분리된 러시아 및 중앙아시아 각국과의 국경 문제 등 중국이 경제 성장에만 집중하기에는 국제적 환경이 좋지 않은 상황이었다.

뿐만 아니라 중국의 급격한 성장을 견제하는 미국 및 서구 유럽의 곱지 않은 시선은 중국위협론 등으로 표출되었으며 이는 보이지 않는 포위망을 형성하여 중국을 압박하였다.

2) 지속적인 성장을 유지

중국은 지속적인 성장을 유지하기 위하여 외부의 자본 및 기술을 받아들여야 했다. 또한 끊임없는 경제 성장을 위하여 원자재 및 에너지의 안정적이고 지속적인 수급 역시 절실하게 요구되었다.

3) 수출할 시장에 대한 요구

중국의 상품 및 자본을 수출할 시장이 요구되었다. 중국의 급격한 성장과 발전은 중국의 배후 시장에 대한 요구뿐 아니라, 성장과 함께 집중되는 투자 과잉에 대한 우려로 중국으로 들어오는 축적된 자본의 투자 지역이 필요하게 되었다.

4) 중심 국가 역할 수행

중국이 세계체제로 편입됨에 따라 이제 고립된 국가가 아닌 지역의 중심 국가 역할을 수행하여야 할 필요가 발생하였다.

이러한 원인에 의하여 중국의 지역주의 강화 양상이 뚜렷하게 등장하였다.

02 중국의 지역주의의 성장

多边主义

중국은 놀라운 경제 성장을 바탕으로 국제사회에 책임 있는 역할을 강조하려는 시대적인 요구에 의해 대외전략의 전환을 시도하였다. 중국은 적극적으로 일정한 구역 안의 국가와의 관계를 개선하고 책임 있는 강대국으로서의 위상을 강화해 나가면서 지역주의의 강화는 중국의 외교 전략의 일부를 구성하게 되었다.

중국은 먼저 주변 이웃 국가들과의 관계를 강화하기 위하여 대외적으로 우호와 번영을 추구하려 하였다. 그러나 선뜻 믿지 못하는 주변국들에 대하여 중국은 '화목한 이웃睦隣', '안정된 이웃安隣' 그리고 '부유한 이웃富隣'을 축으로 하는 삼린三隣 정책을 거듭 강조해왔다.

1980년대 중국의 경제 성장과 함께 대국화의 초석을 다진 덩샤오핑鄧小平이 "칼집에 칼날의 빛을 감추고 어둠 속에서 은밀하게 힘을 기른다" 라는 소극적인 발전전략인 도광양회韜光養晦를 펼쳐왔다.

장쩌민   후진타오

1990년대는 장쩌민江澤民이 추진한 '대국외교'에 이은 새로운 외교
전략으로, 미국과 일본 등 기존 강대국들을 중심으로 한 중국 위협론
확산에 대한 대응책으로 지역주의와 다자주의의 필요성을 강조하였다.

2000년대 중국의 통치를 맡게 된 후진타오胡錦濤는 중국의 발전된
경제적, 정치적 위상을 바탕으로 국제사회에서 덩치에 걸맞은 강대국
의 역할을 하겠다는 적극적 발전전략을 내세웠다. 2003년 후진타오胡錦
濤를 정점으로 하는 새 지도부가 등장하면서 중국의 지역주의와 다자
주의가 외교노선으로 정착되었다. 그리고 다음과 같이 다자주의 외교
를 추진하였다.

① 우선 러시아 및 중앙아시아 지역에는 2001년 상하이협력기구를 설
립하고 경제는 물론 군사와 에너지 분야에 이르기까지 전방위적 협력을
하여 러시아와의 관계는 그 어느 때보다 밀접하게 유지되고 있다.
중국은 2006년을 러시아의 해로, 러시아는 2007년을 중국의 해로 지

정하는 등 양국의 우호 관계가 급격히 발전해 왔으며, 이는 러시아 메드베데프 대통령이 취임하고 우즈베키스탄 방문 이후 구소련권을 제외한 첫 방문지로 중국을 선택하였다는 점에서 시사하는 바가 매우 크다.

② 아시아 지역, 동남아시아국가연합**ASEAN**으로 대표되는 동남아시아 지역, 그리고 한국 및 일본이 포함된 동북아시아 지역과의 관계 개선에 각각 노력하였다.

동남아시아 지역과는 동남아시아국가연합과의 협력을 강화하면서 중국을 포함하는 ASEAN+1, 더 나아가 한국 및 일본을 포함하여 ASEAN+3 간의 경제 협력을 추진하고 있다. 그래서 중국은 동남아시아국가연합을 우호 세력으로 확보하여 동아시아에서의 세력균형을 유지하는 균형자 역할을 하려는 노력을 기울였다.

③ 2010년에는 중국과 동남아시아국가연합 사이에 자유무역협정이 공식적으로 발효되기 이전에 중국의 양보로 이미 실질적인 협력이 이루어졌다.

④ 2006년 7월부터는 동남아시아 지역과 상품 분야의 교역이 시작되었다. 이것은 동남아시아국가연합을 중심으로 한 동남아시아 지역의 협력을 통해 이 지역의 주도권을 확보하려는 중국의 의도 때문이었다.

⑤ 중국은 화교 자본과 중화 경제권 그리고 동아시아 경제권에서 주도권

을 행사하려는 실질적 전략을 추구하였다.

⑥ 동북아 지역에서 중국은 한반도 핵문제에 대한 적극적인 참여와 중
재를 통하여 동북아 지역의 안정과 미국, 일본과의 경쟁에서 우위에 서
려고 하고 있다.

이상과 같이 중국은 주변 국가와의 관계 개선과 일정한 구역 안의
국가들과 협력을 강화하면서 이러한 협력의 틀로 다자간 협력체의 구
성 즉, 다자주의를 적극적으로 수용하고 있다.

중국의 외교전략에서 지역주의의 강화와 함께 최근 중국 외교에서 두드러지게 나타나는 전략 중 하나가 다자주의 Multilateralism이다. 물론 다자주의라는 용어는 최근에 만들어진 것이 아니라 1949년 이후 시작되었다고 보는 것이 역사적인 사실이다.

그러나 다자주의를 본격적으로 외교전략으로 활용을 시작하게 된 것은 1970년대 말부터 시작된 개혁개방 정책을 실시하면서부터라고 할 수 있다.

이전에는 소련을 중심으로 하는 국제공산주의운동에 사회주의 체제를 가진 국가로서 다자주의에 참여했었다. 그러나 소련과의 이데올로기 투쟁으로 얼마 가지 않아 결별하고 중국은 독자노선을 걸어야 했다. 그런 이유로 중국은 자신의 경제적인 역량과 지위의 상승에 따른 중국식 다자주의가 절대적으로 필요하게 되었다.

중국의 다자주의는 다음과 같이 세 단계의 발전 과정을 거쳤다.

1) 제1단계 태동기

제1단계 태동기는 1949년부터 1970년까지로, 중국은 유엔에서 대만의 대표적 지위를 박탈하고 중화인민공화국의 합법적인 지위를 회복하고자 노력하는 한편 미국을 중심으로 한 서구 국가들과 투쟁하는 시기였다. 중화인민공화국의 합법적인 지위를 회복하기 위하여 같은 공산주의 국가들을 대상으로 중국을 유엔에서 인정받기 위한 다자주의 외교가 시작되었다.

2) 제2단계 시작기

제2단계 시작기는 1971년부터 1978년까지로 중국의 유엔에서의 합법적 지위 회복을 기준으로 하여, 많은 국제조직과 협력관계를 설정하는 시기였다. 그래서 1971년 중국이 유엔 안보리 상임이사국 지위를 회복하면서 다자주의가 현실화되기 시작되었다. 이후 중국의 다자주의에 의한 다자외교는 적극적으로 활용되기 시작하였다.

3) 제3단계 성장기

제3단계 성장기는 1979년 이후 중국의 개혁개방을 지표로 하여 국제조직과 전면적으로 발전을 추구하는 시기이다. 1980~1990년대에 중국의 다자주의 참여 속도가 급속하게 발전하였다. 중국은 이 기간 동안 200여 항목에 이르는 다자조약에 가입하였고 유엔 산하의 대부분의 정부 간 국제기구에 참여하였다. 중국이 가입한 정부 간 국제기구는 1977년 21개에서 1996년 51개로 증가하였고, 같은 기간 동안 가입한 비정부기구는 1977년 71개에서 1996년 1096개로 증가하였다.

4) 4단계 발전기

4단계 발전기에는 1996년 이후부터 현재까지를 말한다. 1996년 이후부터 지금까지 중국이 가입하거나 비준한 조약 및 국제기구로는 '유엔 해양공약', '핵확산방지조약', '화학무기 전면금지 조약', '경제, 사회, 문화적 권리에 관한 국제조약', '공민권리 및 정치 권리에 관한 국제공약' '교토의정서', '세계무역기구' 등이 있다.

또한 1996년 중국, 러시아, 카자흐스탄, 키르기스스탄, 타지키스탄으로 구성된 상하이-5로 출범하였다가, 2000년에 우즈베키스탄이 합류한 뒤 2001년 6월 15일 상하이에서 상하이협력기구로 정식 출범하였다. 그리고 ASEAN+3, ASEAN과의 자유무역지대 결성에 대한 합의와 같은 중앙아시아 지역과 동아시아 지역에서의 다자협력을 추진하였다. 그리고 시진핑 중국 국가 주석이 등장하면서 세계경제포럼WEF, G20 정상회의, 뮌헨 안보회의, 동남아시아국가연합ASEAN 등에서 중국식 다자주의의 필요성과 동참을 요구하면서 다자주의를 적극적으로 표방하고 있다.

중국의 다자주의에 대한 인식을 보면 과거의 다자주의는 배타적이고 비판적인 반면에 현재 중국이 표방하고 있는 다자주의는 우호적이고 적극적으로 변화하였음을 나타내고 있다.

중국의 다자주의 수용 원인

전통적으로 양자관계를 중시하였던 중국이 양자주의를 버리고 다자주의를 수용하게 된 원인을 보면 다음과 같다.

국제 정치 환경의 변화

과거 미국과 소련에 의해 유지되던 냉전 시기가 끝나고 탈냉전 시기에는 기존의 국제 정치 환경은 미국을 중심으로 하는 서방 국가들의 주도하에 운영되고 있었다. 중국은 이를 서방의 국제 질서 규범과 가치관을 강요하는 압력이면서 서방세계가 중국을 포위하기 위한 국제적 연대의 일환으로써 추진하는 것으로 인식하고 있었다.

그러나 냉전 종식 이후 세계가 미국 중심에서 벗어나 지역주의와 다자주의가 세계 질서를 이끌게 됨에 따라 중국도 기존의 편향된 사고에서 벗어날 수 있었다. 이러한 국제환경의 변화는 중국의 외교 공간을 넓혀주어 다자주의에 의한 세계 질서를 원하는 국가들과 함께 미국의 일방주의와 패권주의에 효과적으로 대응할 수 있다는 인식을 형성할 수 있게 하였다. 이로 인하여 중국도 다자주의를 적극적으로 수용하여 중국의 위상을 높여야 한다는 인식을 하게 하였다.

경제 발전의 필요성

중국은 개혁개방 이후 놀라운 경제발전을 이루었다. 결국 중국은 미국에 이어 세계 제2위에 달하는 경제력을 보유하게 되었으며 13억이 넘는 세계 최대의 인구와 광대한 영토, 세계 최고의 문화적 전통을 바탕으로 누구도 부인할 수 없는 강대국의 지위를 얻게 되었음을 대내외에 과시하게 되었다.

따라서 중국의 지속적인 경제발전을 위해서는 경제발전에 필요한 원료와 에너지의 안정적인 공급과 판매 시장이 필요했기에 외국과의 적극적인 관계 개선과 협력의 필요성에 따라서 다자주의를 수용하였다.

특히 경제의 세계화와 지역화의 심화에 따라 각국의 경제는 상호 의존이 확대되고 각국의 이익 또한 상호 교차되는 상황에 처하게 되면서 외국과의 경제 협력 과정에서 중국도 다자간 협력이 절실하게 필요하게 되었다.

지역 안정 추구

중국의 주변 지역인 중앙아시아와 동남아시아는 냉전 종식 이후에도 매우 불안정한 상태를 유지하고 있다. 구소련의 해체로 인한 중앙아시아 국가들의 독립과 경제의 어려움과 국경 및 영유권 문제가 발생하여 한반도에서는 남북한이 대립하고, 북한에서는 핵개발에 따른 문제가 발생하였다. 더욱이 동아시아에서의 미군 주둔 및 대만 문제에 대한 주변 국가의 개입 등 중국의 안보를 위협하는 요소가 산적해 있는 실정이다.

중국은 지속적인 경제발전을 위한 지역 안정이라는 측면뿐 아니라 정치 체제의 안정적 유지와 주변 국가의 도발을 막기 위해서도 다자주의에 대하여 적극적으로 참여할 수밖에 없는 입장이다. 그러나 무차별한 핵개발과 미사일 개발로 동북아는 물론 전세계를 위협하고 있는 북한에 대해서는 제재에 거의 동조하지 않는 것은 물론, 유엔 주도의 대북한제재에 있어서도 매우 소극적인 반응만 보이고 있는 것에 대하여 국제 사회에서 지탄을 받고 있다.

중국의 위상

중국은 유엔에서 상임이사국의 지위를 가지고 있어서 유엔의 중요한 사안에 대해서 막강한 힘을 가지고 있다. 따라서 세계는 중국을 중심으로 하는 국제 협력 기제에서 다자 기구의 역할과 중요성을 강조하여 특정 국가의 일방주의와 패권적 지위를 견제하고 중국의 책임 있는 강대국으로서의 역할을 요구하고 있다.

이에 중국은 책임있는 강대국으로서의 이미지를 부각시키기 위해 다자주의에 적극적으로 참여하고 있다. 중국의 주변 지역과의 관계는 자국의 국가 이익의 실현과 직접적이면서 밀접한 연관성을 가지고 있다.

중국의 이러한 노력은 지역 협력 차원에서 더욱 두드러지게 나타나고 있다. 예를 들어 중국은 아시아태평양 경제협력체APEC, ASEAN+1 등 경제 관련 다자 기구를 통해 주변 지역과의 경제 협력망을 구축하는 한편, 아세안지역 안보포럼ARF, 상하이협력기구 등 안보 관련 다자 기구에도 주도적으로 참여하고 있다.

이는 중국이 지역 다자 기구에서 단순 참여 이상의 주도국의 위치를 지향하면서 지역 협력의 주도권을 지닌 책임 대국으로 부상하고자 하는 노력과 함께 일정한 구역 안의 다자 기구에 참여함으로써 중국 주변, 특히 동아시아에 형성되어 있는 전통적인 미국 중심의 양자간 동맹 체제를 견제, 또는 대체함으로써 일정한 구역 안에서의 미국의 영향력을 약화시키고 다극화를 추진하고자 하는 의도를 지니고 있다.

이상과 같이 중국의 다자주의로의 전환은 정치 경제적인 환경 요인에 따른 선택의 결과라고 할 수 있다. 따라서 중국의 다자주의 전환은 중국의 이익을 바탕으로 국제 협력과 지역 협력의 각 사안에 대해 선택적으로 참여의 정도를 조정하고 있으며, 적극적으로 다자주의를 추진할 수밖에 없다고 볼 수 있다.

05 중국의 지역강국의 추구

중국이 추구하는 외교 전략의 지역주의의 강화와 함께 다자주의의를 적극적으로 표방하려는 것은 지역 협력에서 중국이 주도적인 위치를 차지하고자 하는 전략적 선택이라 할 수 있다. 따라서 중국의 일정한 구역 안의 주변국과의 외교적 관계를 강화하는 의도는 이익 관련자이자 주요 정책 결정자로서의 역할을 공고히 하려는 것이다. 이로 인해 세계에서 미국의 영향력을 최소화하고 이를 통하여 중국의 정권을 안정적으로 유지하고 강대국으로 성장하려는 목적이 있다고 볼 수 있다.

중국이 추진하는 다자주의의 목적은 우선 일정한 구역 안의 세력균형의 유지이다. 잘 알려져 있듯이 중국 주변의 세력 형태는 미국을 중심으로 한국, 일본, 러시아, 인도 등 중국이 강대국으로 성장하는 것을 우려하는 세력으로 가득하다. 또한 유럽연합 및 나토의 동진과 세력 확장과 유엔의 인도주의적 개입이라는 이유로 중국의 국내 정치 환경 및 안보 환경에 개입하려는 의도도 부담스러운 일이 될 수밖에 없다.

특히 미국은 동남아시아 국가들과의 양자관계를 통하여 중국의 영향력이 확대되는 것을 견제하고 있을 뿐만 아니라 아시아 및 태평양 지역에 미군을 주둔하려는 노력을 하고 있다. 또한 동남아시아 국가들과 다자협력체에 적극적으로 동참함으로써 중국 중심의 지역주의와 다자주의를 견제하고 미국의 패권적 지위를 유지하려는 시도를 하고 있다.

뿐만 아니라 미국은 구소련의 붕괴 이후 러시아의 영향력이 약해진 틈을 타서 우즈베키스탄, 카자흐스탄, 키르키스탄, 아프가니스탄 등과 같은 중앙아시아에 진출하였다. 그리고 9.11 이후 테러리즘의 근절을 빌미로 중앙아시아에서 영향력을 확대하려 하고 있다.

또한 러시아와의 관계 개선을 위한 노력을 통해 중국을 전방위적으로 압박해 들어오고 있다. 구소련 해체 이후의 러시아는 중국의 중앙아시아 및 러시아에 대한 영향력을 예의 주시하고 있으며, 동북아시아의 전통적 강국이면서 경쟁자인 일본은 중국의 경제적 부상이 군사적 부상으로 이어질 것을 염려하여 자국의 군사 대국화를 추진하고 있으며, 미국과의 긴밀한 협력관계를 계속 유지하고 있다. 인도 또한 중국에 이어 아시아 국가 중 가장 빠른 성장세를 보이며 중국을 바짝 추격하고 있다.

이와 같은 주변 정세 속에서 중국은 체제 안정과 중국 부상에 대한 견제를 방어하고 일정한 동아시아에서의 세력 균형을 통한 지속적인 발전 즉 평화발전和平發展을 대내외적으로 선전하고 있다. 그러나 자국에 대한 주변의 우려를 불식시키고 지역 강대국화를 통해 대국굴기의 발판을 마련하고자 하는 중국의 대전략에 주변 정세는 충분히 까다로운 장애물로 작용하고 있다. 특히 중국을 둘러싼 주변 지역에서 가장 큰 영향력을 행사하며 중국을 견제하고 있는 미국의 존재는 중국에게 있어 불편한 존재임에 틀림없다.

따라서 중국의 지역 대국으로의 부상 전략은 최소한 동아시아에서 미국의 영향력을 최소화한 상태로 미국과는 양자관계의 틀 안에서 협력관계를 유지해야만 가능하다고 본다. 즉, 미국은 중국의 경제 발전에 있어 아직도 매우 중요한 존재이지만 적어도 미국의 견제는 귀찮은 존재일 뿐 아니라 중국의 부상을 느리게 하는 장애물로 작용할 수 있다는 것이다.

결국 무조건적인 반미는 자칫 중국의 성장에 필요한 외자, 자원 및 에너지 그리고 지역 안정에 오히려 역효과를 낼 수 있다는 딜레마에 빠져 있다.

따라서 미국의 영향력을 최소화하고 중국이 원하는 대국으로의 부상을 위해서는 일단 동아시아의 지역 관계에서 미국보다 먼저 주도권을 획득하는 것이 중요하다. 이러한 의도가 가장 명확히 드러나는 것이 바로 중국식 다자주의이다.

중국식 다자주의 노선

중국이 국제외교 무대에서 '다자주의'를 중요
하게 강조하는 것은 새롭지 않다. 중국은 근 10년간에 걸쳐 기회가 있
을 때마다 국제 회의에 참석하여 중국식 다자주의를 강조해 왔기 때
문이다. 특히 시진핑 국가 주석이 취임하면서 중국 지도부는 국제회의
에 참석하여 미국 중심의 세계 운영보다는 인류운명공동체人类命运共同体
의 정신을 고양할 뿐만 아니라 중국의 영향력을 향상하기 위하여 노력
하였다. 그래서 일대일로一帯一路 구상 역시 다자주의의 연장선에 있다고
할 수 있다.

중국식 다자주의는 중국이 나서서 일정한 구역안의 역내포괄적경
제 동반자협정RCEP 출범에 적극적인 역할을 한 것도 중국식 다자외교
노선의 방향이라고 할 수 있다. 중국이 추구하는 다자주의 노선은 이
념과 체제가 아닌 실질적인 인류의 평화와 번영이라는 인류 공동의 가

치를 중심으로 글로벌 현안에 접근하고 있다. 이러한 외교기조는 시 주석이 제시한 중국식 다자외교의 원칙에도 부합되기 때문에 시주석도 다자주의에 대한 중요성을 인식하고 기회 있을 때마다 중국식 다자주의에 동참하기를 요구하고 있다.

물론 시 주석과 중국지도부의 다자주의 노선에 대하여 비판적인 시각으로 바라보는 견해도 많다. 비판의 핵심은 중국식 다자주의가 말뿐이고, 중국의 영향력을 높이려는 의도에서 실제 외교 행위와는 괴리가 있다는 것이다. 사례로 남중국해 해상 영토 문제에 대하여 중국이 일방적으로 점유하려고 하고 있으며, 국제사회의 비난에도 불구하고 홍콩 국가보안법 제정을 강행하여 홍콩 주민들을 억압하는 것에서 볼 수 있다.

그동안 중국은 자신의 이익을 위하여 분쟁 사안에 대해 국제법에 기초하여 대화와 타협보다는 물리적인 공권력과 군사력의 우위를 통하여 자기중심적으로 해결해 왔다. 예를 들어 한반도 사드 배치에 대하여 경제제재를 시도하였으며, 현재에도 완전히 해소되지 않고 있다. 더욱이 코로나 국면에서는 호주에 대한 무역 보복 조치를 단행하였다. 이처럼 중국은 자국의 안보나 정치적 이익을 위해 다른 나라의 눈치를 보지 않거나, 국제법이나 규정을 위반하고 있다.

이러한 처사는 중국이 대외적으로 표방하고 있는 개방성과 포용성에 기초한 다자주의를 실제로 구현해 나가겠다는 의지에 대해 신뢰감을 주지 못하고 있다.

따라서 중국의 다자주의는 미국 주도에 반대하는 국제사회와 협력을 공고히 하면서 자국의 국제영향력을 확대하기 위한 수단이라는 비판에 대해서 자유롭지 못하다.

07

多边主义

시진핑의 다자주의 실천 방침

시진핑 중국 국가 주석은 2022년 10월 12일 중국공산당 제18차 전국대표대회 이후 대국 지도자의 글로벌 비전과 사명을 가지고 중화민족의 위대한 부흥을 위한 총체적 전략과 국가의 중대한 변화를 조율했다. 100년 동안 보이지 않던 세계, 세계 발전의 대세를 정확히 파악하고 진정한 다자주의를 견지하고 다음과 같이 실천하자고 제안했다.

세계의 대세를 정확하게 파악

오늘날 세계가 100년 만에 일어난 큰 변화를 겪고 있으며 이러한 변화는 한 순간, 한 사건, 한 국가, 한 영역에 국한된 것이 아니라 심오하고 거대한 시대적 변화라고 지적했다. 현재, 한 세기 동안 보지 못했던 세계의 대변화가 가속화되고 있으며, 세계는 새로운 혼란과 변화의 시기에 접어들었다. 코로나 19 전염병의 그림자가 사라지지 않고 지역 갈등이 다시 일어나고 냉전 정신과 집단 정치가 부활하고 일방주의와 보호주의가 부상하고 경제 세계화가 역풍에 직면하고 평화, 발전, 신뢰가 떨어졌다.

거버넌스가 증가하고 있으며 우리는 갈림길에 서 있고 전례 없는 도전에 직면해 있다. 동시에 세계의 다극화 추세는 근본적으로 변하지 않고 평화, 발전, 협력, 상생의 시대 흐름이 진행되고 있다.

한때 국제 평화와 안정을 유지하는 데 큰 역할을 하고 큰 가치를 입증했던 다자주의가 최근 몇 년 동안 발전의 딜레마에 빠졌다. 글로벌 산업사슬과 가치사슬이 영향을 받고 선진국은 보호무역주의를 통해 위기를 넘기면서 다자주의의 근간을 뒤흔들고 글로벌 위기는 얽히고 겹쳤고, 지정학적 게임은 잇달아 발생했으며 갈등과 무질서의 위험은 급격하게 증가하여 다자주의의 실패를 촉발하고 강하고 보수주의가 극단적인 민족주의와 결합되어 협력에 대한 세계적 합의가 약화되어 다자주의 개념에 도전하고 있다.

천하의 세력이 흥하지 못하면 쇠퇴하고 천하의 통치가 진보하지 않으면 후퇴한다. 역사를 통해 인류는 시련을 극복하며 성장했고, 위기를 거듭 극복하며 발전해 왔다고 심오하게 지적했다. 세계의 모든 나라는 반드시 역사 발전의 논리에서 전진하고 시대 발전의 추세에서 발전해야 하며 장구한 역사 주기의 비교분석을 잘해야 한다. 위기에 처한 새로운 기회를 개발하여 변화하는 상황에서 새로운 게임을 열고 어려움과 도전을 극복하는 강력한 힘을 모아야 한다.

시대의 어려움을 효과적으로 해결

인류 역사상 보기 드문 복합적 위기 앞에서 오늘날 국가가 내리는 모든 결정과 모든 행동이 세계의 미래를 결정할 것이라고 하면서 시대가 직면한 4대 문제를 적절하게 해결해야 한다고 강조했다.

첫째, 거시경제 정책 조율을 강화하고 세계 경제의 강력하고 지속 가능하며 균형적이고 포용적인 성장을 공동으로 추진한다.

둘째, 이데올로기적 편견을 버리고 평화 공존, 상생의 길을 공동으로 추진한다.

셋째, 선진국과 개도국 간의 발전 격차를 극복하고 공동으로 모든 국가의 발전과 번영을 촉진한다.

넷째, 글로벌 도전에 대처하고 공동으로 인류의 미래. 더 나은 세상으로 만들기 위해 손을 잡아야 한다.

시대와 세계의 문제에 직면해 평화, 발전, 공평, 정의, 민주, 자유 등 전 인류 공동의 가치를 힘차게 증진하고, 공동으로 올바른 더 나은 세상을 건설하기 위한 개념적 지침을 세워 우리는 함께 인류 운명 공동체 건설을 촉진하고 공동으로 항구적 평화, 보편적 안전, 공동 번영의 개방적이고 포용적이며 깨끗하고 아름다운 세계를 건설해야 한다.

호혜 상생을 견지하고 경제와 사회 발전을 공동으로 추진하여 인민에게 더 나은 혜택을 제공하며 협력을 강화하고 인류가 직면한 다양한 도전과 글로벌 문제에 공동으로 대처하며 국가의 권위와 지위를 단호히 수호해야 한다. 유엔과 함께 진정한 다자주의를 실천해야 한다.

국제질서를 결연히 수호

유엔은 진정한 다자주의와 글로벌 거버넌스의 핵심 메커니즘을 유지하고 실행하기 위한 주요 플랫폼이며 설립 이래로 유엔은 세계 평화와 발전을 수호하는 데 중요한 기여를 했다. 세상에 유일한 제도는 유엔을 핵심으로 하는 국제 제도이며 유엔 헌장의 목적과 원칙에 입각한 하나의 규칙 즉, 국제법에 기초한 국제 질서, 국제관계의 기본 규범을 지켜야 한다고 강조하였다.

중화인민공화국이 유엔에서 법적 지위를 회복한 지 50주년을 기념하는 기념회의에서 중요한 연설을 하면서 중국이 평화로운 발전의 길을 모색할 것이며, 세계평화의 건설자, 개혁개방의 길로 나아가며 시종일관 글로벌 발전에 기여하고, 다자주의의 길을 견지하며, 국제질서를 지켜나가야 한다.

오랫동안 중국은 유엔과의 협력을 지속적으로 심화하고 유엔의 권위와 지위를 단호히 수호했으며 유엔 안전보장이사회 상임이사국의 임무와 임무를 충실히 이행하고 목적과 원칙을 계승하였다. 중국은 분쟁의 평화적 정치적 해결을 적극적으로 옹호하고 유엔 평화유지 활동에 5만여 명을 파견했으며, 유엔 제2위 기여국이자 제2위 평화유지 기여국이 되었다.

중국은 UN 밀레니엄 개발 목표를 실현하고 2030년까지 지속 가능한 개발 의제를 이행하는 데 앞장서 세계 빈곤 감소의 70% 이상을 기여했다. 중국은 줄곧 유엔 헌장과 세계인권선언의 정신에 따라 인권의 보편성과 중국 현실의 결합을 견지하고 시대의 흐름에 부합하며 중국적 특색을 지닌 인권 발전의 길을 걸어 왔다.

글로벌 개발 사업은 더 강력하고 친환경적이며 건강한 글로벌 개발을 촉진하고 유엔의 전반적인 조정 역할을 지원하는 것을 목표로 하는 지속 가능한 개발을 위한 유엔 2030 의제와 매우 호환된다.

다자주의를 적극 옹호

100년 동안 보지 못한 큰 변화 앞에서 국제 협력의 전망, 지구적 도전에 대한 해결책 등 점점 더 많은 통찰력 있는 사람들이 인류 사회의 미래에 대해 생각하기 시작했다. 세계의 문제는 복잡하며 이를 해결하는 방법은 다자주의를 유지하고 실천해야 한다. 그리고 각국 인민은 평화 발전에 대한 기대를 간절히 바라고 공평 정의를 더욱 강력히 요구하며 협력상생을 확고히 추구하고 있다. 단합을 강화하고 상호존중과 협력 상생의 국제관계 이념을 실천해야 한다. 평화롭게 발전하는 세계는 다양한 형태의 문명을 수용해야 하며 현대화를 향한 다양한 경로와 양립해야 한다.

우리는 전 인류를 위한 평화, 발전, 공평, 정의, 민주주의, 자유라는 공동의 가치를 힘차게 추진하고 소그룹과 제로섬 게임을 버려야 한다. 대결보다는 대화, 배제보다는 포용을, 상호존중, 공평정의, 협력 상생의 신형 국제관계를 구축하고 이익융합을 확대하며 최대의 동심원을 그려야 한다.

중국은 줄곧 세계평화의 건설자, 세계발전의 기여자, 국제질서의 수호자, 공공재의 제공자였으며, 중국의 새로운 발전으로 세계에 새로운 기회를 계속 제공할 것이다.

다자주의는 평등, 호혜, 개방의 원칙을 구현하며 글로벌 발전과 안정을 유지하는 데 큰 의미가 있다. 다자주의를 유지하고 실천하기 위해서는 고립과 배타가 아니라 개방과 포용의 길로 나아가야 한다. 다자주의의 본질은 국제 문제는 모두가 논의하고 처리해야 하며 세계의 미래와 운명은 모든 국가의 손에 달려 있다는 것이다.

중국식 다자주의에 대한 비판

현재 국제사회에서 중국의 영향력이 미치지 않는 곳이 거의 없으며, 국제 문제에서도 중국의 동의 없이는 어떤 국제문제라도 해결될 수 없게 되었다. 이 같은 중국의 강대국으로서 위상을 정립한 것을 가장 피부에 와닿게 느끼는 곳은 바로 아시아 주변국들이다.

아시아 주변국들은 중국이 재채기라도 한번 하면 모두 감기몸살에 꼼짝 못하고 드러누워야 할 것 같은 위협감을 느끼지 않을 수 없게 되었다. 중국이 믿는 것은 14억이라는 세계 최대의 인구와 강한 경제와 군사력, 그리고 희토류와 같은 자원들이다.

중국의 14억 시장은 전 세계 어느 나라든 탐내고 있는 큰 시장이다. 그러다 보니 중국과 교류를 하기 위하여 자발적으로 협력하려는 국가들도 많다. 이러한 다자외교의 힘으로 전 세계에서 패권국가로 군림

하려는 증상들이 곳곳에서 나타나고 있다. 미국 역시 중국을 세계에서 가장 위협적인 국가로 보고 전략적 경쟁자로 규정한 상태다.

시진핑 집권 이후 중국의 외교 방식은 다자주의를 표방하는 패권주의로서, 세계는 중국의 행보를 보고 속된 말로 가히 갑질이라고까지 할 수 있는 수준으로 인식되고 있다. 중국은 다자주의에 의하여 국가 간의 대등한 권리를 인정해야 함에도 불구하고, 정상적인 외교를 할 의지조차 없는 상황으로 강압적인 자세로 대하기도 하고, 막강한 군사력으로 밀어붙이려고도 한다. 이에 대하여 미국을 제외하고는 어떤 나라도 강력하게 대응하지 못하고 있다. 왜냐하면 강력한 대응을 할 경우 직접적으로 경제적으로 군사적으로 대응하기 때문에 얻는 것보다 중국으로부터 받아야 할 손해가 많기 때문에 누구도 나서지 않기 때문이다.

다자외교에 있어서 가장 중요한 것은 가능한 많은 동맹국을 만들어야 한다는 것과 이 동맹국들과의 관계를 굳건히 해야 한다는 것이다. 아무리 강대국이라도 애니메이션에 나오는 히어로 마냥 혼자서 세계제패를 위한 다자주의는 절대 불가능하다. 강대국이 될 낌새가 보이면 주변국이나 타 강대국들끼리 뭉쳐 이에 대응하려는 외교적 연합 견제가 들어오기 때문이다.

과거 두 차례의 세계대전으로 미국이 초강대국의 반열에 근접했다고는 하지만 유럽은 유럽 연합으로 뭉쳐서, 러시아는 중국과 연계해 미국을 견제했으며 지금도 여전히 미국을 견제하고 있는 중이다.

최근 한반도의 사드THAAD(고고도미사일방어체계) 배치와 관련하여 여러 가지 제재를 가하는 중국의 신경질적인 반응도 문제지만 남지나해에서 동남아국가들과의 해상분쟁에서 막무가내로 자국 이익을 앞세우는 사례들을 보면, 과연 중국이 내세우는 다자주의에 대한 의지가 있는 것인지 의심스럽기 짝이 없다.

반면에 무차별한 핵개발과 미사일 개발로 동북아는 물론 전 세계를 위협하고 있는 북한에 대해서는 제재에 거의 동조하지 않는 것은 물론, 유엔 주도의 대북한 제재에 있어서도 매우 소극적인 반응만 보이고 있을 뿐이다.

중국이 초강대국으로서 미국과 맞먹을 세계적인 지도력을 갖기 위해서는 대국으로서의 국가의 품격을 갖추고 외교의 품격을 높여야 한다. 20세기 초 동아시아의 강대국으로 부상했던 일본이 강대국의 지위를 오래 유지하지 못하고 몰락한 것은 바로 이 품격의 부재에서 비롯된다.

중국이 다자주의로 나아가는 것은 중국 주변의 아시아 인접국은 물론이고 전 세계가 바라는 바이다. 그러나 지금과 같은 상대방 국가를 무시한 외교 관행 형태, 남의 영토와 영해를 선점하거나 뺏으려는 행동을 멈추지 않는다면 일본과 같은 운명을 되풀이할 가능성이 높다. 따라서 중국의 다원주의는 중국을 둘러싼 아시아 주변국의 안보와 운명이 걸린 중요한 문제이기 때문에 책임과 품격 있는 중국의 다자외교가 필요하다.

제5장

상하이
협력 기구

상하이협력기구의
설립 배경

1991년 공산주의 국가의 맹주였던 소련이 해체되자 세계 각국은 구소련에서 독립한 중앙아시아와 동유럽으로 관심이 집중되었다. 소련의 보호를 받고 있던 중앙아시아와 동유럽은 제대로 준비도 되지 않은 상태에서 독립하였기에 정치적으로나 경제적으로 미숙하였고, 자신들을 이끌어 줄 강대국이 필요하였다.

개혁개방 이후 빠른 속도로 발전하던 중국과 양극체제가 유지되면서 상호협력을 공고히 유지하던 유럽 제국의 관심이 해당 지역으로 집중되면서 새로운 국제질서 속에서 각각의 이권을 유지하고 확대하고자 하는 노력이 계속되었다. 소련의 식민지였던 동구 유럽 국가들은 힘의 공백을 메꾸기 위하여 나토 및 유럽연합에 가입하기 시작하였다. 이에 따라 구소련의 식민지였던 동유럽에 대하여 미국과 서구 국가들의 영향력이 증가하기 시작하였다.

반면에 중앙아시아 지역은 서구 유럽과 거리가 멀었기 때문에 여전히 권력의 공백을 유지하고 있었다. 냉전 이후, 구소련으로부터 독립한 중앙아시아 각국들은 비록 정치적으로나 문화적으로 상당 부분 러시아의 많은 유산들을 받아들이고 있었다. 그러나 러시아의 그늘을 벗어나 독자적으로 실질적인 독립 국가로 생존하기 위한 총력외교를 펼치고 있었다. 이에 따라 국제정치적 공백 상태를 메우기 위한 강대국들의 진출 역시 강하게 전개되어 왔다. 독립 초기 독립한 중앙아시아 국가들은 오랫동안 이들을 통치해왔던 러시아의 영향력으로부터 탈피하려는 동시에 안보 문제를 확고히 하기 위해 적극적으로 대 서방 외교를 전개하였다. 특히 카자흐스탄과 우즈베키스탄, 키르기스스탄 등이 1994년부터 NATO가 추진하는 이른바 '평화 파트너' 프로그램에 참여하였다.

　중앙아시아는 독립국가연합CIS 지역의 하나다. 독립국가연합은 1991년 12월 31일 소련이 해체되면서 구성공화국 중 11개국이 결성한 정치 공동체를 가리킨다. 2008년 조지아(그루지야), 2014년 우크라이나가 탈퇴하여 2015년부터 현재까지 9개 회원국으로 구성되어 있으며, 투르크메니스탄이 준회원국으로 참가하고 있다. 중앙아시아는 러시아 및 중국과 국경을 접하고 있으며, 잠재적인 안보 위협국들인 아프가니스탄, 이란, 인도, 파키스탄, 이라크와 국경을 맞대고 있는 지역이다. 또한 풍부한 석유와 천연가스가 매장되어 있어 에너지 자원이 필요한 국가들에게는 협력이 필요한 국가였다.

　이처럼 중앙아시아가 세계 정치·경제 및 전략상의 중요성이 급격하게 상승하면서 이 지역은 강대국들 특히 미국·중국·러시아의 각축장이 되었다. 각국은 자국의 경제적 이권을 선점 및 확보하고 중앙아시아의 석유와 천연가스 자원에 대한 접근과 개발을 위해 지속적으로 경쟁을 전개하고 있다.

한편 중앙아시아는 국경, 민족, 종교 등의 복잡한 구성 등 잠재적 불안 요소를 지니고 있고, 또한 각국 간에는 중앙아시아 지역의 이익과 에너지 개발에 있어서 첨예한 이익이 대립하고 있었다. 그리고 취약한 정치·경제적 역량에 따라 독립 후에도 독자적으로 국가운영이 어려웠기 때문에 독립국가연합이라는 굴레로 들어갈 수밖에 없었다.

이로 인해 중앙아시아는 다원주의 외교를 안보전략의 토대로 하여 여러 나라와 안보협력체를 통하여 안전의 도모와 경제 성장을 꾀하였다. 그러나 서방세계는 중앙아시아 국가의 정치 체제나 인권문제, 종교문제, 부패문제 등에 개입하려고 하거나 반대파 세력을 지원하는 경향마저 보임으로써 서방 각국과의 관계가 급속하게 냉각된 바 있다. 또한 러시아는 러시아대로 이 지역에 대한 서방 각국의 개입을 극도로 경계하는 태도를 취하여 중앙아시아 지역에 대하여 서구 세력의 개입에 대하여 견제하고 있었기 때문에 중앙아시아가 접근하기 어려운 곳이 되었다.

중앙아시아 국가들은 자신의 안전과 이익을 실현하고 정치·경제를 강대국 간의 대치와 균형 속에서 공고화하고 발전시켜 나가고자 하였다. 이러한 현실을 이용하여 러시아는 자신들의 우월적인 관계를 유지하고 중국과 협력하여 이 지역 패권을 노리는 미국의 다원주의 전략에 대응하고자 하였다.

　반면 중국은 중앙아시아 및 카스피해 지역 국가의 정부에 대한 에너지 안보 차원에서 확실한 지지를 표명하는 것이 바로 국가 이익과 결부되는 것이라 판단하고 경제적인 측면에서도 이 지역 국가들과의 FTA 체결로 광범위한 중화 경제권을 형성하고자 하였다. 따라서 중국은 러시아와 실질적인 협력관계를 구축하여 미국의 일방적인 패권전략에 대응하려는 의도를 지니고 있었다.

　러시아는 중앙아시아 지역이 과거 자신의 영향력 아래에 있었던 지역으로서 중앙아시아 지역에서의 영향력 축소에 대한 우려를 가지고 있었다. 또한 과거 소비에트연방 국가들과의 협력을 통한 침체된 자국의 경제 상황을 개선하고 중앙아시아에서 미국의 영향력이 커지는 상황에 대하여 견제할 필요가 있었다. 그래서 러시아는 중앙아시아에서의 미국을 비롯한 서방 국가의 침투를 저지하기 위하여 중국과의 협력을 강화하고 중앙아시아 각국의 안정과 공동 발전이 실현되기를 희망하였다.

　결국 이러한 상황은 중국으로 하여금 상하이협력기구를 설립하여 중앙아시아 각국의 이해관계가 부합되는 상황에서 상호협력과 신뢰 구축을 통하여 발전을 도모하고자 하였다.

02

상하이협력기구의 설립
설립 과정

1989년 5월 중국과 소련의 관계 정상화 이후 같은 해 11월부터 중소 양국은 접경지역에서 군사력 축소 및 군사적 신뢰 구축 문제를 협의하기 시작하였다. 그러던 중 1991년 소련이 해체됨에 따라 군사적 신뢰 구축 문제는 중국과 국경을 접하게 된 러시아 및 중앙아시아 3국(카자흐스탄, 키르기스스탄, 타지키스탄)의 문제로 확대되었다.

1996년에 군사적 신뢰 구축 문제를 해결하기 위하여 중국을 중심으로 러시아, 카자흐스탄, 키르기스스탄, 타지키스탄으로 구성된 상하이-5로 출범하였다. 2000년에 우즈베키스탄이 합류한 뒤에 2001년 6월 15일 상하이에서 상하이협력기구로 정식 출범하였다.

6년여의 준비기간을 거쳐 2001년 6월에 정식 출범한 상하이협력기구의 발전과정을 살펴보면 다음과 같다.

제1차 정상회담

1996년 4월 상하이에서 상기 5국의 첫 정상회담이 개최되면서 현재 상하이협력기구의 모태인 '상하이-5'가 탄생되었다. 제1차 정상회담에서는 기본 목적과 원칙을 명시한 '상하이협력기구 창립선언'이 채택되었고, '테러리즘, 분리주의 및 원리주의 척결을 위한 협약'에 서명하였다. 그리고 국경 지역에서의 군사적 신뢰 구축을 통한 안정확보 및 우호 왕래를 목적으로 '국경지대의 군사 분야 신뢰 강화에 관한 협정'(상하이 협정)을 체결하였다.

협정의 내용은 국경 지역의 군대는 상호 공격하지 않으며, 상대방을 겨냥한 군사훈련도 하지 않음은 물론 군사훈련의 규모 범위 및 횟수를 제한한다는 내용이었다.

제2차 정상회담

'상하이-5' 제2차 회담은 1997년 4월 모스크바에서 개최하였으며, 군사적 신뢰를 통한 국경 지역에서의 실질적인 군사력 감축을 내용으로 하는 '국경 지역의 군사력 감축에 관한 협정'이 체결되었다.

협정의 내용에는 국경 지역 군사력을 선린 우호를 위한 최저 수준으로 감축하여 최소한의 방어력만 유지하고, 상호 무력 사용 및 위협을 하지 않으며, 일방적인 군사력 우위를 추구하지 않기로 하였다. 또한 국경 지역 총병력을 중국과 러시아 및 중앙아시아 3개국이 각각 13만 400명씩 제한하여 국경선 100km 후방 지역에 배치하고 병력 상한선을 초과할 시 필히 사전 통보토록 하는 내용이었다.

제3차 정상회담

1998년 7월 당시 카자흐스탄의 수도였던 알마티에서 개최된 제3차 회담에서는 1, 2차 회의 때 다루었던 국경 및 군사 분야뿐만 아니라 마약, 테러에 대한 공동대처 등의 국제문제와 경제 협력 등 폭넓은 의제를 다루었다.

협정의 내용을 보면 주권 존중 및 영토 보존, 평등 호혜, 상호불가침 등의 국제관계 준칙을 견지하며, 우호 협상을 통해 국가 간의 의견과 분쟁을 해결하고 민족분열, 종교적 극단세력, 테러활동, 무기 및 독극물 밀수 등을 공동 타파하고, 호혜의 원칙에 따른 경제 유대의 강화, 남아시아 핵 군비 경쟁의 저지와 비확산 체제를 보호한다는 내용이었다. 회의 결과를 '알마티 성명'으로 발표하였다.

제4차 정상회담

1999년 8월의 4차 정상회담은 '비슈케크 성명'을 통해 '세 가지 위협세력'인 테러리즘, 분리주의, 극단주의의 척결에 합의하였다.

제5차 정상회담

2000년 7월 타지키스탄의 수도 두산베에서 개최된 제5차 정상회담에서는 '상하이-5' 발전 과정을 회고하고 21세기 발전 전망을 논의하여 '두산베성명'을 발표하였다.

성명의 내용은 정치, 외교, 경제, 무역, 군사 부문의 협력을 강화하여 지역안보 및 군사적 신뢰를 강화하고 국경지역 군축에 관한 협정을 이행하고 지역 안보 및 안정에 위협이 되는 각종 범죄 활동에 공동 대응하기 위한 국경 세관 및 안보 부서 책임자 회의를 정기적으로 개최하며 반테러 및 반폭력 훈련을 실시하고 키르기스스탄의 비슈케크지역에 반테러 기구를 건설하자는 내용이었다.

03

상하이협력기구의
설립 목적과 기본 이념

多
边
主
义

상하이협력기구는 2001년 6월 15일 상하이에서 중국과 러시아 및 중앙아시아 4국이 참여한 가운데 성립된 정부 간 기구로서, 1996년 중국이 러시아 및 카자흐스탄, 키르기스스탄, 타지키스탄 등과 더불어 결성한 '상하이-5'를 모태로 하고 있으며, 공식 언어로 중국어와 러시아어를 사용하고 테러리즘, 분열주의 및 극단주의의 척결을 성립 과제로 하고 있다.

상하이협력기구의 설립 목적은, 상하이협력기구 회원국 상호 간의 신뢰와 우호 증진, 정치, 경제, 무역, 과학기술, 문화, 교육, 에너지 등 각 분야의 효율적인 협력관계 구축, 평화, 안보, 안정을 위한 공조 체제 구축, 민주주의, 정의, 합리성을 바탕으로 한 새로운 국제 정치, 경제질서 촉진 등이다.

상하이협력기구의 기본 이념은 국제연합헌장의 목적과 원칙을 준수하고, 상호독립과 주권 존중 및 영토적 통합을 존중하며, 회원국 사이의 내정간섭과 무력사용 및 위협을 배제하는 것이다. 그리고 회원국 사이의 평등 원칙 준수, 협의를 통한 모든 문제의 해결, 역외 국가와 적극적인 협력 모색 등이다.

상하이협력기구의 성과는 상하이협력기구의 설립 이후 테러와 분리주의·극단주의 척결을 위한 상하이협약을 채택하였고, 일정한 구역 안의 대테러 기구 설립에 대한 협약, 상하이협력기구의 발전 목표와 협력의 제도화에 대한 공동 성명, 상하이협력기구의 회원국 사이의 포괄적 동반자 관계 구축에 대한 공동 성명 등을 이끌어 내었다.

04 상하이협력기구의
성과

2001년 9월 1~14일 제1차 총리 회의가 알마타에서 개최되어 지역무역·경제 협력 및 상하이협력기구의 발전과 기타 이슈에 대한 논의가 있었으며, 회원국 정상들이 지역 경제 협력의 기본 목적 및 방향과 무역 및 투자 부문에 관한 각서에 서명하고 제1차 회의 성과를 발표하였다.

2001년 10월 10~11일 비슈케크에서 '비슈케크 그룹' 임시회의를 개최하였으며, 중앙아시아와 아프카니스탄이 직면하고 있는 어려운 현상황에 관해 협의하고, '세 가지 위협 세력'과의 싸움을 강화하고자 공동 성명Joint Statement을 공포하였다.

2001년 6월 15일 중국 상하이에 모인 카자흐스탄, 중국, 키르기스스탄, 러시아, 타지키스탄, 우즈베키스탄 정상들은 지금의 "상하이협력기구" 라는 명칭의 새로운 지역 기구의 창설을 공포하였다. 상하이협력기구 창설에 고무적인 요소는 국제 테러리즘의 위협과 지역 극단주의 등에 관한 국제 현안에 대해 회원국 간 견해가 유사하거나 일치한다는 점이다. 상하이협력기구 설립은 6개 회원국 간 상호관계가 한층 발전하였다.

2002년 1월 7일 상하이협력기구 회원국 외무장관 임시회의가 베이징에서 개최되어 아프가니스탄 사태, 국제 반테러 운동, 일정한 구역 안의 '세 가지 위협 세력'과의 싸움, 상하이협력기구의 효과적 상호작용의 원칙을 승인하는 등 공동 성명을 발표하였다.

2002년 4월 11~12일 회원국 문화부 장관회의가 처음으로 베이징에서 개최되었고, 2002년 5월 15일 상하이의 국방부 장관회의에서는 군사협력을 강화할 것에 대한 논의가 있었다. 2002년 5월 25일 카자흐스탄 수도 아스타나에서 상하이협력기구 6개국 대법원장 정기회의가 열려 지역 반테러 조직 설립에 관한 초안 협정에 서명하였다.

2002년 5월 28~29일 상하이에서는 무역, 경제 장관회의가 처음으로 열렸으며, 지역 경제협력과 무역·경제 장관회의 구성에 관한 협의에 이르렀다.

2002년 6월에 러시아 상트페테르부르크에서 개최된 제2회 정상회담에서는 상하이협력기구의 목적, 과제, 원칙, 협력 방향을 확정한 '상하이협력기구 헌장'을 채택하였으며, 상하이협력기구 헌장과 더불어 대테러 기구 설립 협약, 기구의 발전 목표와 협력 제도화에 대한 의장 서명을 발표하였다.

2002년 10월 초 상하이협력기구의 틀 내에서 중국과 키르기스스탄이 양국 국경에서 반테러 공동 훈련을 하였으며, 10월 30일에는 교통부 장관회의가 비슈케크에서 열려 일정한 구역 안의 교통관련 국가 간 협력 방향을 제시하면서, 국제 교통로 설립 등에 관한 논의를 통해 공동 성명을 채택하였다.

2003년 4월 29일 외무장관회의가 알마타에서 열려 상하이협력기구의 제도적 구조, 지역 안보와 경제협력 및 기타 분야, 외교 관계에 대해 의견을 교환하였으며, 기구의 상징 및 기구의 설계에 대하여도 논의를 하였다.

2003년 모스크바에서 열린 제3회 정상회담에서는, 상하이협력기구 지도부와 사무국, 반테러센터의 기능과 과제, 예산 편성 및 집행 절차에 관한 일련의 문서에 서명하였다. 또한 회원국 간 포괄적인 동반자 관계 구축에 대한 공동 성명서를 채택하였으며, 정상회담, 총리회의, 외무장관회의, 기타 장관회의, 지역 반테러 조직의 집행 위원회, 상하이협력기구 사무국 상임 대표 등의 규범을 채택하여 서명하였다.

2003년 8월 8~12일 5개 회원국은 공동으로 반테러 훈련을 실시하였다. 2003년 9월 5일에는 회원국 외무부 장관 임시회의가 타슈켄트에서 개최되었으며, 상하이협력기구의 제도적 구성, 국제 혹은 지역 문제에 대해 다룰 정상회담 준비에 관해 의논하고, 상하이협력기구 헌장 변경 의정서, 테러, 극단주의, 분리주의에 대한 상하이협정, 상하이협력기구 지역 반테러 조직에 관한 협정 등에 서명하였다.

2003년 9월 19일 상하이협력기구 헌장을 발효하였으며, 10월 27~29일 회원국 국가조정 위원회가 타슈켄트에서 열려 상하이협력기구 사무국 직원 목록 규정과 '지역 반테러 조직RATS; Regional Anti-Terrorist Structure'의 집행 위원회 결정, RATS 첫 회의 준비 작업을 하였다.

2003년 10월 31일 상하이협력기구 지역 반테러 조직RATS회의가 처음으로 열렸으며, 의장과 국장이 임명되었다. 2003년 12월 9일~10일 두샨베 상하이협력기구 국가 조정 위원회에서 상임기관 직원과 사무국 전 직원 지정 계약을 승인하였다.

2004년 1월 15일 임시 외무장관회의가 개최되어 사무국장 대리인과 지역 반테러 조직 집행 위원회 의장이 지명됨으로써 상하이협력기구 사무국이 정식 개시되었다.

2004년 6월 16일~17일에는 우즈베키스탄 타슈켄트에서 개최된 제4차 정상회담에서 일정한 구역 안의 대테러센터의 신설을 결의하는 등 회원국 간 안보 및 경제 협력을 한층 강화하기로 합의했다.

2005년 4월 21일 상하이협력기구 사무국장 장더광張德廣이 동남아시아국가연합ASEAN 사무국장 옹케용Ong Keng Young과 만나 양 지역 협력기구의 장래 협력을 의논하였다.

2005년 5월 11일에는 주중 파키스탄 대사 샐맨 바시르Salman Bashir가 상하이협력기구 사무국장 장더광을 만나 파키스탄이 상하이협력기구에 옵서버 혹은 회원국 요청을 하였다.

2005년 6월 4일 카자흐스탄, 아스타나 외무장관회의가 7월 정상회의를 앞두고 개최되었으며, 파키스탄, 이란, 인도 등의 준회원국으로서의 참석을 환영하였다.

2005년 7월 5일 아스타나 정상회의를 열고 인도, 이란, 파키스탄 3

개국을 준회원국으로 받아들이기로 결정했다. 또한 6개국 참여 외무장관들은 다극화를 지지하며 공정하고 합리적인 국제질서를 세워나가기로 했으며 국가간 주권 평등과 각국의 역사와 문화 전통, 각국 국민이 선택한 발전과정의 모든 권리를 존중해 나갈 것을 선언했다.

2007년 8월 9～17일 사이에 중국 신장 위그루자치구와 러시아의 첼라빈스크 주에서 '평화사명-2007'의 이름으로 합동 군사훈련이 실시되었다.

이로 인해서 다음과 같은 성과가 있다.

비군사적 부분을 포함한 포괄적 활동

협력안보 개념의 범위가 비군사적 부분을 포함한 포괄적 개념인데 상하이협력기구도 정치, 경제, 무역, 과학기술, 문화, 교육, 에너지, 교통, 환경보호 등 분야에서의 효과적 협력을 기구의 설립 목표로 하고 있어 성격과 목표가 같다.

그리고 실질적으로 상하이협력기구는 안보 측면에서 테러, 극단주의, 분리주의 등 종교적, 민족주의적 운동과 초국가적 마약 밀수입 범죄에 공동 대응하고 있으며, 경제적 부문에서는 상호교역을 확대·추진하고, 문화적 측면도 장관회의를 통해 논의하고 있다.

국가안보와 국가 경제발전

안보 확보의 방식에 있어서 협력안보가 상호의존적인 동시에 상하이협력기구도 그 회원국들은 비록 경제, 문화, 언어, 종교 등 다양한 면에서 서로 다르지만 각 국가안보 및 인접 국가 간 안보를 위협하는 요소 즉, '세 가지 위협 세력' 척결과 국가 경제발전이라는 측면에서 상호 의존적으로 협력을 이루고 있다.

군사력 축소 및 군사적 신뢰 구축

협력안보는 상호 간 군비통제 혹은 군축을 통해서 무력 사용이나 사용위협에 직면하지 않도록 안보를 재보장하는 것을 이론적 토대로 하는 것과 같이 상하이협력기구 역시 형성 당시 회원국 간 국경 지역 군사력 축소 및 군사적 신뢰 구축을 통한 문제 해결을 실시하였다.

수평적이고 평등적 관계

상하이협력기구는 회원국 간 상호 신뢰, 상호 이득, 평등, 상호 협의, 다양한 문화 존중, 공동 발전 추구 등에 충실할 것을 조직 이념으로 규범하고 있는데 이는 협력안보의 체제 내 세력의 수평적이고 평등적 관계를 의미하고 있다.

지역적 보편성 충족

참여국 구성에 있어서 협력안보가 지역적 보편성을 이론적으로 제기하는 것을 충족하고 있다. 즉, 상하이협력기구는 중앙아시아 신생국들인 카자흐스탄, 우즈베키스탄, 타지키스탄, 키르기스스탄과 국경 접경 지역인 러시아와 중국 등으로 회원국 구성을 이루고 있다.

평화적 방법으로 갈등 해결

협력안보 개념이 상하이협력기구의 성격을 설명하는데 적절성을 가지는 것은 정치적, 평화적 방법으로 갈등을 해결하는 방식이다.

이와 관련해서 상하이협력기구 회원국 간 내정 불간섭, 무력 사용 및 무력 사용 위협금지, 군사적 패권 추구 금지, 상호 협상을 통한 문제 해결, 역외 국가와 관련된 국제 및 지역 기구와의 협력 등을 원칙으로 하고 있으며, 경제협력 강화를 통한 신뢰 구축의 창을 안보 및 정치적 문제에 접근하는 하나의 수단으로 사용하고 있는 등을 들 수 있다.

군사력 사용에 있어서는 개별국가의 선택 보장

군사력 사용의 형식에 있어서 협력안보는 공동으로 대처하는 것을 목표로 하고 있다. 그러나 군사력 사용에 있어서는 개별국가의 판단에 의한 개별적인 자위를 원칙으로 하고 있다. 상하이협력기구는 특정 측면에서 이를 또한 충족시키고 있다고 볼 수 있다.

분쟁 사전 예방

상하이협력기구에서 추구하는 협력안보는 분쟁을 사전 예방하여 분쟁이 발생하지 않도록 하는 것을 목표로 하고 있다. 즉 상하이협력기구는 테러, 이슬람 극단주의, 분리주의 등으로 발생 가능한 문제를 사전에 억제·제거하기 위해 설립된 지역 안보 협력 기구이다.

따라서 상하이협력기구의 군사협력의 강화는 이슬람 극단 세력의 테러에 공동 대응이라는 측면에서 협력안보를 통하여 자구적 해결을 목적으로 한다고 볼 수 있다.

05

多
边
主
义

상하이협력기구의
협력 내용

────────────── 상하이협력기구의 협력 내용은 다음과 같다.

안보협력

1990년대 이후 중국은 전통적 안보와 더불어 비전통적인 안보에 대한 중요성을 인식하고 있었다. 중국, 러시아, 중앙아시아 각 국가의 국경 지역에서의 군사 문제로 생기는 위협을 전통적인 안보라고 하고, 구소련의 해체 이후 경제안보, 식량안보, 건강안보, 환경안보, 인권안보, 공동체안보, 정치안보 등 비국가성, 비군사성, 초국가적, 돌발적, 전환성 안보를 비전통적 안보라고 한다.

중국의 전통적인 안보와 비전통적인 안보에 대하여 복잡한 경험을 하게 됨에 따라 국제사회에 대응할 새로운 안보관을 제시하도록 하였다. 이러한 결과에 의하여 2002년 중국은 '중국의 신안보관에 대한 입장中國

關于新安全觀的立場文件'을 발표하고 신안보관新安全觀을 형성하게 되었다.

중국의 신안보관新安全觀의 내용은 '상호신뢰, 상호이익, 평등, 협조'를 핵심으로 하며 안보의 종합성 아래 공동의 안전을 목적으로 한 협력을 강조하고 있다.

이러한 신안보관新安全觀의 실현을 위해 중국은 다극화를 위한 '다자주의'와 양자관계에서 '동반자 관계' 강화를 핵심적으로 추진하였다. 상하이협력기구 역시 이러한 중국의 안보관의 변화에 따라 그 역할도 변화하게 되었다.

처음의 상하이협력기구는 전통적인 안보와 비전통적 안보가 상호 교차하는 상황으로 특히 테러리즘, 분열주의, 극단주의의 '세 가지 위협 세력'이 강해짐에 따라 이를 해결하기 위하여 설립하였다.

세계대전 이래 지속되어오던 냉전이 종결되면서 중앙아시아 각국은 구소련의 비호 아래 오랜 시간 지속되던 군사 대국의 지위를 상실하고 중앙아시아 각국 및 러시아 그리고 중국과 새로이 국경을 마주하게 되었다. 중국 또한 1989년 이래 중·소간 협의해 오던 국경 지역 문제가 다시 러시아 및 중앙아시아 각국과 재조정해야 할 필요가 생겨났다. 이로 인해 만들어진 다자간 합의체가 바로 상하이협력기구의 모체인 상하이-5이다.

상하이-5가 형성되면서 구성국 각국은 기존의 전통적 안보와 함께 비전통적 안보에 대하여도 논의하기 시작하였다. 특히 '세 가지 위협 세력'에 대한 견제가 가장 중요한 안보 협력의 중심이 되었다.

실제로 2002년 6월 정상회담에서 채택된 '상하이협력기구 헌장'에서는 상하이 협력 기구의 주요 목적으로 '평화, 안보, 안정의 유지와 강화 및 민주적이고 공정한 그리고 합리적인 새로운 국제 정치·경제를 발전시키기 위한 다양한 협력의 공고화'를, 주요 과제로는 '모든 형태의 테러주의, 분리주의, 극단주의에 공동 대응하고 마약 밀매, 무기 밀수, 불법 이민, 초국가적 범죄와의 전쟁 등'이라고 밝히고 있다.

이를 바탕으로 상하이 협력기구는 2002년 1월 베이징에서 개최된 특별 외무장관회담에서 반테러 협력을 위한 반테러 센터를 설치하기로 합의하고, 2004년 6월 타쉬켄트에 지역반테러센터RATS를 설치하였다.

그리고 2003년 8월에는 우즈베키스탄을 제외한 5개국 군인 1,000명이 참여한 가운데 '연합 2003' 합동 군사훈련이 실시되었고, 2005년과 2007년에는 각각 '평화사명-2005', '평화사명-2007' 합동 군사훈련을 실시하는 등 군사적 협력을 강화해 나가고 있다.

에너지 협력

중국은 개혁·개방 이래 지속적인 경제 성장에 필요한 안정적인 에너지 공급을 위하여 에너지 자원국과 협력을 강화하고 있다. 중국의 지속적이고 안정적 성장을 위해서는 주변국 환경의 안정이 중국의 이익에 합치될 뿐만 아니라 주변국 공동의 이익에도 부합하는 것이다. 중국은 이를 통해 이 지역 각국의 공동이익을 실현시킬 수 있다고 생각하고 있다. 또한 중국경제의 지속적 발전을 위해서는 주변 시장의 확대가 필요할 뿐만 아니라 중국에 대한 거대한 에너지 공급의 확보가 관건이 되고 있다.

따라서 중국은 상하이협력기구를 통해 중앙아시아 국가들과 에너지 협력을 통해 원유 수입의 원천을 확대하고 중동 이외 지역에서의 공급을 다각화하는 동시에 페르시아만 오일 수입을 보장해 주는 미국의 호의에 의존하는 것을 감소시키고자 한다.

중국은 원유 소비의 급격한 증가에 대처하기 위하여 미국과 중동에서는 물론 중앙아시아 지역에서 경쟁하고 있다. 중앙아시아 지역은 중동과 서시베리아 지역 다음으로 석유와 천연가스 매장량이 많으며 지리적으로 중국과 육로를 통해 연결할 수 있는 근거리에 위치하고 있어 안전하게 가스 및 원유 수송이 가능한 대단히 매력적인 지역이다.

또한 중앙아시아 각국은 중국의 지속적 성장에 필요한 에너지뿐만 아니라 원자재의 공급에도 매우 중요한 지역이다. 카자흐스탄은 풍부한 광산자원, 특히 석탄 매장량 39억 4천만 톤, 철, 석유매장량 100억 톤, 천연가스 매장량 3조 ㎥ 및 납, 아연, 크롬, 몰리부덴 등의 자원을 다량 매장하고 있다.

우즈베키스탄의 경우는 세계의 중요한 면화 생산지이면서도 금, 천연가스, 백은 및 동 등의 광물자원이 풍부하다. 키르기스스탄은 석유, 유색 금속, 희귀 금속물질을 생산하고 있으며, 타지키스탄은 수력이 풍부하다. 상하이협력기구 가입을 강력하게 희망하고 있는 투르크메니스탄은 석유매장량 120억 톤과 풍부한 천연가스를 보유하고 있다.

이와 같은 중앙아시아의 경제적 가치는 에너지 확보를 위한 필사적인 노력을 하고 있는 중국에게는 상당히 중요한 지역이다. 특히 지리적 접근성뿐만 아니라 경제 격차로 인한 상호보완의 가능성이 있기 때문에 더욱 중국이 중앙아시아로 접근하기 수월한 조건을 지니고 있다.

따라서 중국은 상하이협력기구를 통하여 에너지 강국인 러시아와 중앙아시아 4개국과의 강력한 협력관계를 통하여 중국의 경제 성장을 지속하고 '전면적소강사회'를 넘어 세계 강대국으로 부상하기 위한 장기계획을 실행에 옮겨가고 있다고 할 수 있다.

중국의 입장에서 상하이협력기구는 중국의 사활적 국가이익인 경제 성장을 위한 에너지와 천연자원의 확보를 위해 러시아와 중앙아시아와의 긴밀한 협력관계를 유지해 나가는 역할을 하고 있는 것이다.

경제 협력

중국의 동서 지역 간의 경제 격차는 중국 정부의 가장 큰 과제 중의 하나이다. 특히, 이러한 경제 격차로 인하여 중국 서부 지역의 불만이 고조되면서 소수민족의 분리 독립 운동이 격화될 수 있는 상황을 우려하여 중국 정부는 서부지역의 개발에 신경을 곤두세우고 있다.

이러한 상황에서 상하이협력기구는 러시아 및 중앙아시아 지역과의 경제 협력을 통한 중국의 고민을 해결해 줄 수 있는 역할을 담당하고 있다. 러시아 및 중앙아시아 지역은 중국과의 지리적 인접성과 서부 개발 시 잠재된 배후 시장, 그리고 유럽 및 중동 지역과의 연결 통로로서 매우 중요한 의미를 지닌다.

러시아 및 중앙아시아는 경제발전을 위한 상대적 우위를 가지고 있다. 즉, 유라시아 배후지로서 지니는 지정학적 중요성과 지역이 필요로 하는 각종 원료에 대해서 자급자족이 가능하다. 이에 대한 거대한 수출잠재력, 우수한 노동력, 비교적 완비된 교통, 운송체계는 러시아 및 중앙아시아 국가들의 사회·경제 발전에 유리한 조건이다. 그러나 구소련 해체 이후 불안정한 국내외 환경과 노후화된 공업시설 등의 이유로 상대적으로 저발전의 상태를 지속하고 있다.

현재 러시아 및 중앙아시아는 경제의 전 지구화라는 추세에 급격히 편입되면서 새로운 기회를 물색하고 있다.

이러한 상황에서 상하이협력기구는 중국, 러시아 및 중앙아시아 각국의 경제발전에 필요한 이해관계를 합치시키는 중요한 협의의 장이 되고 있다. 2003년도에 상하이협력기구 위원회 주요 인사들이 향후 20년간 효력을 발휘할 다자간 무역 및 경제 협력을 골자로 한 프로그램 A에 서명하였다.

주요 프로젝트 안건은 상품 유통, 교통, 농업 등에 관한 것으로서 회원국 간 자유무역지대Free Trade Agreement:FTA 조성을 목표로 하는 것으로 알려져 있다. 특히 중국은 전력, 석유, 천연가스, 교통, 통신 분야에서 큰 관심을 가지고 있으며, 개별적으로 카자흐스탄과의 송유관 협력, 러시아와의 전력 협력, 천연가스 협력, 교통 협력, 원유 판매 협력 등을 추진하고 있다.

또한 2006년 6월 15일 각국의 정상들은 국경을 넘는 고속도로망의 구축, 각 구성국을 종횡으로 연결하는 철도망의 건설 등에 합의하였다. 이는 국가 단위를 넘어선 지역적 규모에서의 공통 인프라 구축을 통해 경제적 통합을 가속화하겠다는 의지를 표현한 것이다.

상하이협력기구의 경제 협력은 상하이협력기구를 유지하는 중요한

시진핑의 다자주의

원인 중의 하나이다. 만약 이 기구가 단지 군사와 안보 협력의 수준에서 머문다면 기구는 향후 영향력과 효율성을 강화할 수 없을 것이다.

그러나 구성국 각국의 이해점이 합치되는 경제 협력을 통해 상하이협력기구는 발전의 강력한 추동력을 얻을 수 있었다. 즉, 중국이 필요한 에너지 및 원자재, 그리고 거대 시장과 유럽 및 중동으로의 연결 통로를 러시아 및 중앙아시아는 가지고 있다. 따라서 러시아 및 중앙아시아가 필요한 체제 전환국의 경제 성장의 경험을 중국은 가지고 있는 것이다.

06

상하이협력기구에 대한
시진핑의 입장

2021년 9월 17일, 베이징에서 열린 상하이협력기구Shanghai Cooperation Organization 회원국 정상회의 제21차 회원국 정상회의에 참석해 시진핑習近平 국가주석이 화상으로 "상하이협력기구 발전을 위한 새로운 여정; 초심을 잊지 말고 앞으로 나아가고 시작하라"는 제목의 중요한 연설을 했다.

상하이협력기구는 창립 20년 이래 시종일관 "상호신뢰, 호혜, 평등, 협의, 다양한 문명 존중, 공동 발전 추구"라는 "상하이 정신"에 따라 세계를 위해 헌신해 왔다고 지적하고 다음과 같이 말했다.

"인류 운명 공동체와 사회관계에 대한 중요한 이론적, 실천적 탐구를 했다. 우리는 공동으로 정치적 상호신뢰를 증진하고 동반자, 비동맹, 대화, 비대결의 새로운 모델을 만들고, 안전과 안정을 공동으로 수호하며, 마

약 밀수, 사이버 범죄, 다국적 조직 범죄의 확산을 단호히 억제하고, 번
영과 발전, 심층적인 지역 실질 협력 촉진, 국제 도덕 공유, 다자주의와
전 인류의 공동 가치 증진에 큰 목소리를 내고, 패권주의와 권력 정치에
반대하는 공정한 입장을 표명합니다."

시진핑 주석은 상하이협력기구가 새로운 역사적 출발점에 섰다고
강조했다. 그래서 '상하이정신'의 기치를 높이 들고 국제관계 민주화의
역사적 흐름의 방향을 파악하고 인류 공동 발전의 대구도에서 우리 자
신의 발전을 추진하며 상하이협력기구공동체를 더욱 긴밀히 구축해야
한다고 주장하고 다섯 가지 제안을 제시했다.

1) 화합과 협력의 길
정책 대화, 소통, 조율을 강화하고 서로의 합리적인 관심사를 존중
하며 적시에 협력 문제를 해결하고 상하이협력기구의 발전 방향을 공
동으로 보장해야 한다.

우리는 시스템에 대한 자신감을 강화하고 교사의 강압적인 설교를
결코 받아들이지 않으며 국가가 자신의 국가 상황에 맞는 발전 경로와
통치 모델을 탐색하는 것을 확고히 지원해야 한다.

사람을 먼저 생각하고 생명을 먼저 생각하는 이념을 과학 정신을
계승하며 심도 있는 국제 방역 협력을 전개하고 공정하고 합리적인 백
신 보급을 추진하며 바이러스 추적의 정치화에 단호히 저항해야 한다.

지금까지 중국은 100개가 넘는 국가와 국제기구에 거의 12억 도스

의 백신과 액상 솔루션을 제공했으며 올해 전 세계에 20억 도스의 백신을 제공하기 위한 노력을 강화할 것이다.

2) 안전과 보안을 공유하는 길

우리는 공통적이고 포괄적이며 협력적이고 지속 가능한 안보 개념을 견지하고 이라크 동부 운동과 같은 3대 악의 세력을 엄격히 단속하며 마약 통제, 국경 방어 및 대규모 행사 보안 협력을 심화해야 한다. 가능한 한 빨리 조직의 안보 협력 메커니즘을 개선하고 여러 국가들 관할 당국의 안정성을 강화하며 비상 사태에 대한 역량 구축, 모든 회원국은 아프간 정세의 순조로운 전환을 위해 공조를 강화하고 진정으로 평화와 안정, 발전의 길에 나서야 한다.

3) 개방과 통합의 길

무역 및 투자 자유화 및 편리화를 지속적으로 촉진하고 사람, 상품, 자본 및 데이터의 안전하고 질서 있는 흐름을 보장하고 디지털 경제, 녹색 에너지 및 현대 농업 협력을 위한 성장 지점을 만들어야 한다.

여러 국가의 발전 전략 및 유라시아 경제 연합과 같은 지역 협력 사업과 일대일로 사업의 공동 건설의 심층 협력을 촉진하고 산업 체인과 공급 체인의 안정성과 원활함을 유지해야 한다. 그리고 국가 간 경제 통합, 개발 연계 및 성과 공유를 촉진해야 한다.

중국 측은 계속해서 시장 기회를 공유하고 향후 5년간 상하이협력기구 국가들과 누적 교역액 2조 3,000억 달러 목표를 달성하기 위해 노력할 용의가 있다. 중국 측은 중국-상하이 협력기구 경제무역대학원을 설립하고 '일대일로' 협력의 공동 건설을 위한 2단계 특별차관 실시를 시작하며 현대적 연결성과 같은 지원 프로젝트에 중점을 둘 것이다.

4) 상호 학습의 길

서로 다른 문명 간의 교류, 대화 및 조화로운 공존을 옹호하고 과학 기술, 교육, 문화, 건강 및 빈곤 완화 분야에서 보다 기반이 있고 대중적인 프로젝트를 만들어야 한다. 향후 3년 동안 중국은 상하이협력기구 국가에 1,000개의 빈곤 퇴치 훈련 장소를 제공하고 10개의 루반 워크샵을 건설하며 건강, 빈곤 퇴치, 문화 교육 등 분야에서 30개의 협력 프로젝트를 수행할 것이다.

중국은 내년에 상하이협력기구 청소년 과학 기술 혁신 포럼을 개최하고 전통 의학 산업 연합 설립을 제안할 예정이다. 2022년 베이징 동계 올림픽과 동계 패럴림픽에 참가하는 모든 당사자를 환영하며 모두 하나되어 안전하며 흥미진진한 올림픽 행사를 선보일 것이다.

5) 공정과 정의의 길

순간의 힘은 열정에 있고, 미래의 성패는 이성에 달려 있다. 국제 문제를 해결하려면 이른바 '강한 지위'에서 벗어나 패권, 괴롭힘을 조장해서는 안 된다. 우리는 유엔 헌장의 목적과 원칙에 따라 광범위한 협의를 주장하고 함께 구축하고 공유하며 진정한 다자주의를 실천하고 국제 질서를 파괴하고 소위 "규칙"의 기치 아래 대결과 분열을 조장하는 행위를 반대해야 한다. 상호이익과 상생의 협력 개념을 준수하고 포용적인 발전 전망을 만들어야 한다.

시진핑 주석은 "끊임없이 성장하는 상하이협력기구는 세계의 모든 진보세력과 손을 잡고 나아가 세계 평화 건설자, 글로벌 발전 기여자, 국제 질서 수호자로서 함께 노력할 것이라고 믿는다"고 지적했다.

마지막으로 "상하이 정신"의 깃발을 높이 들고 초심에 충실하며 전진하고 공동체 건설의 올바른 길을 따라 상하이 협력기구 발전을 위한 새로운 여정을 시작하자고 말했다.

상하이협력기구에 대한
중국의 입장

상하이협력기구를 둘러싼 주변국들의 이해관계는 매우 복잡하게 나타나고 있다. 그중에서 중앙아시아는 중국의 서부 내륙지구와 인접해 있기 때문에 중국이 당면한 주변 환경의 중요한 구성요소로서 가장 큰 이해관계를 가지고 있다. 러시아와 중앙아시아는 국경이 연해 있기 때문에 중국 국경지대의 안전과 안정에 매우 중요한 영향을 미친다.

중국의 서부 내륙지구는 중국의 전략지대일 뿐 아니라 주요한 에너지 기지로서의 역할을 수행하고 있다. 최근 중국과 중앙아시아 간의 관계가 심화, 확대됨에 따라 중앙아시아의 중국에 대한 어떠한 불리한 현상 변화도 서부 내륙지구의 발전에 중대한 영향을 미치게 되며 중국의 개혁개방과 현대화의 순조로운 진행에 장애가 된다.

중국이 주변 정세의 안정을 바탕으로 고도 경제 성장을 구가하고 있는 가운데 미국은 급속히 성장하는 중국에 대해서 미국의 패권적 이익을 위협하는 세력으로 인식하고 있다. 따라서 중국은 중앙아시아와의 협력 및 영향력 확대를 미국의 중국 봉쇄전략에 대한 중요한 돌파구로 삼고 있다.

이러한 지정학적 상황 속에서 중국은 중앙아시아 지역에 대해 다음과 같은 이해관계를 가지고 있다.

국가통합

중국의 최우선 국익인 국가통합과 관련된 문제이다. 중국 서부의 신장 위구르 지역에는 분리 독립을 주장하는 이슬람 세력이 존재하고 있다. 이들이 국경 너머 이슬람 근본주의 세력과의 연대를 강화하여 활동이 격화된다면 그 자체로서도 문제가 된다. 더욱이 최근 거세진 티베트의 분리독립 운동에 파급효과를 갖는다는 점에서 중국에 심각한 위협으로 작용하게 된다.

중국은 중앙아시아 국가들과 견고하게 협력함으로써 국가 통합에 가장 심각한 도전의 하나인 분리 독립주의를 견제하는 장치로 활용하려는 의도를 가지고 있다.

미국에 대한 견제

중국은 9.11 이후 중앙아시아 지역에 대한 미군의 주둔으로 인해 서부 국경 지역에서 위협을 느끼고 있다. 중국과 중앙아시아 국가들의 협력 강화는 중국에게 미국에 대한 견제력을 증강할 수 있다. 중국이 중앙아시아 국가들과 공동으로 추진하는 군사합동훈련 등을 통해서 중국의 미국에 대한 견제에 도움이 된다.

안정적인 에너지 수급

중국은 중앙아시아를 통해서 안정된 에너지 수급과 관련된 전략적 이익을 얻을 수 있다. 따라서 중국과 중앙아시아의 정치경제 관계 확대는 특히 에너지 분야 협력에서 두드러지게 그 효과를 나타내고 있다. 중국은 중앙아시아 지역의 에너지 자원을 서부 국경을 통해 받을 수 있을 뿐만 아니라 이들 지역을 경유하여 이란의 석유까지도 육로로 공급받을 수 있게 됨으로써 지속적 경제 성장에 필수적인 에너지를 안정적으로 확보할 수 있게 된다.

상하이협력기구에 대한
러시아의 입장

러시아는 중앙아시아에 대한 지정학적 상황
이 구소련 시대와는 근본적으로 다른 국면에 처해 있다. 구소련 시절
에 비해 국력이 현저히 쇠퇴하였으며 중앙아시아 국가들에 대한 영향
력 또한 감소하였다. 그러나 중앙아시아 지역에 대한 러시아의 국익은
여전히 중요한 위치를 차지한다.

구소련 해체 후 러시아 안보 정책이 서쪽지역에서 남쪽 지역으로
이전해 감에 따라 중앙아시아 국가들을 중국, 인도, 이란과의 관계를
지원해줄 수 있는 교두보로 활용하고자 한다. 장기적으로 국내에서 생
산한 재화들의 판로 개척을 위하여 중앙아시아 지역 국가들과 서로 협
력하는 단일 경제 공동체를 추구하는 한편 중앙아시아 지역의 수력 에
너지와 천연자원 사용의 결정에 개입하고자 한다.

또한 러시아는 중앙아시아 지역의 연성 안보 위협과 국경 안보, 중

앙아시아 주변의 테러리즘 확산 방지, 중앙아시아 지역 국가들 간의 충돌이나 국가붕괴 방지 등을 위하여 적극적인 외교적 노력을 시도하고 있다.

상하이협력기구의 참여를 통해 러시아는 중국과의 전략적 동반자 관계의 발전을 공고히 할 수 있는 계기를 마련하였다. 그리고 중앙아시아 국가들과의 협력 강화를 통해 NATO의 동방 진출을 억제함으로써 미국의 중앙아시아에 대한 세력 확장을 견제할 수 있는 기반을 확보할 수 있게 되었다.

다만 러시아와 중국이 중앙아시아 지역에서 군사적으로나 에너지 문제에 있어 여전히 경쟁적 관계라는 점에서 갈등의 소지는 여전히 존재한다. 그러나 미국의 견제라는 공동의 목적이 여전히 존재하고, 상하이협력기구를 통해 정상회담을 꾸준히 진행해 오고 있다는 점에서 당분간은 양국의 전략적 동반자 관계가 지속될 것으로 보인다.

이 밖에도 러시아는 중앙아시아 국가들과 정치, 군사안보 분야에서의 협조와 협력을 강화하고 있으며, 미국이 중앙아시아에 주둔함으로써 발생하는 불리한 영향력을 감소시키기 위하여 노력하고 있다. 경제적인 측면에서는 국내경제의 회복과 발전을 위한 경제 제도 부분의 개혁을 시행함과 동시에 구소련의 통일된 경제 공간의 상실에 따른 불리한 점을 만회하려 하고 있다.

러시아 정부는 향후 상하이협력기구의 지정학적 존재는 세계 정책 결정자들이 러시아를 오로지 개별적 행위자가 아닌 국제관계에서 그 역할이 증대되고 있는 막대한 정치·경제적 블록의 파트너로 바라보게

해 주고, 더 나아가 미국과 서방 국가들과 평등한 위치가 되는데 기여할 것으로 예측하고 있다. 즉, 미국의 세계 패권주의 전략에 맞서기 위해서 러시아는 중국과 인도를 포용해야 한다. 이를 위한 협력자로서의 상하이협력기구는 러시아, 중국, 인도의 다자간 협력체 구축을 위해서 반드시 필요한 기구이다.

多
边
主
义

상하이협력기구에 대한
중앙아시아의 입장

중앙아시아 각국은 국가의 독립, 주권 및 영토보전이라는 명제에 직면해 있다. 중앙아시아 각국은 역사적으로 청산되지 않은 다양한 정치, 경제 및 사회문제가 산적해 있으며, 특히 민족문제, 종교, 수자원문제, 전통적인 경제체제의 파열에 따른 문제 등이 있다.

또한 중앙아시아 지역이 직면한 공동의 위협, 즉 민족 분리주의, 국제 테러리즘과 이슬람 원리주의가 주는 위협이 나날이 심각해지고 있다. 이외에 마약, 밀수 등 다국적 범죄 활동이 증가하고 있어 이 지역의 안정과 사회, 경제발전을 위협하고 있다.

따라서 중앙아시아 각국은 지역 간 협력을 통해 이러한 문제를 해결해야겠다는 필요성을 절감하고 있으며 지역 협력 조직을 건설하는 것은 바로 국제조류에 순응하는 필연적 선택이 되었다.

　　중앙아시아 국가들의 공통점인 불안정한 안보 환경과 무기력한 국력, 자위력 부족 등은 현실적으로 지역 안보 메커니즘을 필요로 하였으며, 그 결과 상하이협력기구를 승인하였다.

　　상하이협력기구가 중앙아시아 국가 간 관계를 조정하고, 중앙아시아와 아프간에서의 이해관계 충돌을 피하는 데 절대적으로 필요하다고 보고 있다. 이에 따라 2005년 7월 5일 카자흐스탄 수도 아스타나에서 열린 정상회의 선언에서 '상하이협력기구의 중앙아시아 경제발전과 안전보장을 위한 활발한 역할 수행을 인정한다'는 입장을 밝혔다.

　　이외에도 중앙아시아 국가들의 상하이협력기구 가입의 중요 목적 중 하나는 자신들에게는 경제 대국인 중국과의 경제 협력 강화이다.

상하이협력기구에 대한 미국의 입장

미국의 중앙아시아 지역에 대한 입장은 크게 두 가지로 나누어 볼 수 있다. 하나는 카스피 해 지역의 풍부한 에너지 자원을 가진 지역이며, 다른 하나는 유라시아 대륙의 심장 지대에 놓여 있는 이 지역의 지정학적인 전략적 가치가 있는 지역이다.

중앙아시아에 대한 미국의 전략은 중앙아시아 국가들과 협력을 통하여 중앙아시아와 카스피해 지역의 에너지 자원을 장악함으로써 러시아 및 중국을 효과적으로 견제하려고 한다. 또한 전체 중앙아시아에서 강력한 미국의 영향력과 세력을 구축하는 데 있다.

미국은 9.11 사건이 발생하기 이전, 이미 중앙아시아 각국들이 독립하면서부터 이 지역에 대한 미국의 영향력 확대를 위하여 군사적, 경제적 노력을 기울여 왔다. 특히 미국은 중앙아시아 국가들이 군사 분야에서 러시아의 영향권으로부터 벗어나기를 희망하였으며 이러한 노력의 일환으로 1996년 8월부터 중앙아시아 국가와 합동 군사훈련을 시행하고 군사 원조를 계속하였다.

9.11 테러 사건의 발생 이후에는 중앙아시아의 지정학적 구조는 미국에게 더욱 중요한 의미를 지니게 되었다. 미국이 당면한 테러에 대한 새로운 위협과 이 지역에 대한 이해관계는 이 지역에 대한 미국의 정치적, 군사적 영향력의 간섭을 심화시켰다.

이에 따라 미국은 중앙아시아에서 제3의 인접국으로 부상함으로써 이들 지역에서 중요한 참여자가 되었다. 중앙아시아에 주둔하고 있는 미군은 표면적으로는 탈레반의 부상을 예방하기 위한 존재라고는 하나 장기적인 목표는 이 지역에서 미국의 군사적 우위를 차지하는 것이다. 그래서 1996년 8월 미국은 우즈베키스탄, 카자흐스탄, 키르기스스탄 3국의 군사지도자들과 군대를 초청하여 미국에서 합동 군사훈련을 실시한 바 있다.

이를 시작으로 1997년 8월 미국은 우즈베키스탄, 그루지아와 함께 중앙아시아 카스피해 지역에서 합동 군사훈련을 실시하고 9월에는 카자흐스탄과 우즈베키스탄에서 터키, 카자흐스탄, 키르기스스탄, 우즈베키스탄과 함께 역시 유사한 합동 군사훈련을 실시하였다. 1998년에도 미국과 유럽 국가들이 중앙아시아 지역과 미국에서 수차례 합동 군사훈련을 실시하면서 중국 및 러시아를 견제하였다.

1999년에는 올브라이트 국무장관이 중앙아시아 순방을 계기로 이 지역 국가들에 1억 달러가 넘는 군사 원조를 제공하고, 2000년 5월에 카자흐스탄에 NATO 정보센터를 세우는 등 지속적인 군사력 증강을 위해 노력하였다. 미국이 중앙아시아 지역에 미군을 주둔시켜야 하는 필요성은 다음과 같다.

테러 예방

국제 테러리즘의 성향 및 범위에 기초하여 약소국일수록 테러리즘을 조장할 우려가 있기 때문에 중앙아시아 지역에 미군이 주둔해야 한다는 것이다.

이슬람 사회의 친밀화

미국은 이슬람 사회 및 국가들의 안정과 온건화 달성으로 장기적으로 상당한 이익을 얻을 수 있다고 파악하고 있다. 그래서 중앙아시아의 온건한 이슬람을 친서방화함으로써 반미주의를 해소하고자 한다. 나아가 이슬람 국가와의 친밀화를 통한 미국에 대한 이슬람 사회의 저항의식을 줄이려는 의도가 있다.

상하이협력기구에 대한
비판

다자간 지역 협력체로서 상하이협력기구는 중앙아시아 국가들의 국경 문제에서 출발하여 안보와 경제, 에너지 분야 등으로 범위를 넓히고 있다. 이에 따라 상하이협력기구 구성국의 이해관계를 적절히 수용하면서 발전해왔다. 그러나 상하이협력기구의 역할이 이처럼 강화됨에 따라 이에 대한 비판도 증가하고 있다.

반미 강화

상하이협력기구가 군사협력의 강화에 따라 반미적 성격으로 발전하는 것을 우려하는 비판이 있다. 상하이협력기구가 중국과 러시아를 중심으로 한 군사협력이 강화됨에 따라 반미동맹, 또는 반미 집단으로 변질할 우려가 있다는 것이다.

미국은 아프카니스탄을 지배하고 있는 지정학적 상황과 파키스탄,

우즈베키스탄, 투르크메니스탄, 타지키스탄 등이 중국과 국경을 접하고 있기 때문에 중앙아시아에 미군의 주둔이 필요하다고 생각하고 있다. 이는 미국이 이슬람 극단주의의 전통이 깊고, 사회문제가 심각한 파키스탄에서 발생할 만약의 사태에 대비하는 방어로써 중앙아시아에 미군 주둔이 필요하다는 인식 때문이다.

상하이협력기구의 공식적인 입장은 국경에서 발생하는 분쟁을 없애고 인도주의적 지원을 목표로 하고 있다. 그러나 독립 이후 군축 및 군비통제를 통해 지역 안정을 보장하려 했던 '상하이-5'와는 다르게 회원국 간 군사협력을 강화하여 양자, 다자 합동 군사훈련을 실시하고 있다.

이러한 측면은 중앙아시아 지역에서 미국이라는 적을 견제하기 위한 것으로 알려지면서 반미동맹의 성격을 드러내고 있는 것처럼 보인다. 그러나 상하이협력기구는 형성과정, 또는 제도화 과정에서 협력안보의 개념을 바탕으로 하고 있다.

군사 동맹체

상하이협력기구 구성국 간의 전통적, 비전통적 안보에 대한 협력이 강화됨에 따라 이에 대한 우려의 목소리도 높아지고 있다. 즉, 상하이협력기구가 북대서양조약기구NATO; North Atlantic Treaty Organization와 미국, 일본, 호주 3각 동맹에 대응하는 군사 동맹체로 발전하는 것이 아니냐는 의문이 제기되고 있다.

이는 최근의 국제정세의 변화, 특히 북대서양조약기구NATO의 동진과 미국의 전역미사일 방위TMD; theater missile defense 구축 추진 등에 대한 반발적 차원에서 상하이협력기구의 군사협력이 강화되고 있다는 관점이다.

그러나 상하이협력기구는 특정지역 및 국가에 대항하기 위한 안보 협력체라기보다는 일정한 지역의 문제 즉, 회원국들이 직면하고 있는 안보 위협 요인들을 공동으로 해결하면서 비군사 부문인 경제, 에너지, 문화, 정치, 외교 등의 영역에서 호혜적인 협력을 확대하는 데 목적을 두고 있으며, 일정한 구역 안의 문제의 자체적인 해결을 최우선 과제로 하고 있다.

이는 대항의 관점으로 보기보다는 지역 문제의 자구를 통하여 각 구성원의 영향력을 강화하려는 의도로 파악될 수 있다. 결국 미국에 대항하기보다는 미국 중심의 단극체제에 순응하는 것이 현재로서는, 최소한 2020년 중국이 전면적소강사회全面的小康社會를 달성하기 전까지 중국의 이익을 확보하는데 최선책이라고 판단하고 있는 것이다.

이러한 비판에 대하여 중국의 입장에서 상하이협력기구가 반미적 이지 않다는 주장을 다음과 같이 하였다.

첫째, 미국으로부터 막대한 이익의 수혜를 입고 있는 국가들이 미국에 도전하는 군사안보적인 반미(反美)벨트를 공공연하게 만들 수 없다는 점 이다.

둘째, 상하이협력기구를 다자 안보협력체로 발전시켰을 경우 중국이나 러시아가 더 이상 자신들의 이익만을 극대화할 수 없는 한계가 있다.

셋째, 중국은 국가 주도의 다자 안보협력체 형성보다는 현상 유지를 통해 경제이익을 극대화하려고 하기 때문에 분쟁의 단초를 제공하지 않을 것이다.

넷째, 중국은 분쟁의 소지가 있는 다자 안보협력체보다는 대테러, 분리주의와 이슬람 근본주의의 반대를 통한 신장 위구르자치구에 대한 통제권만 확보하면 된다는 인식이 지배적이라는 점 등이다.

제6장
일대일로一帶一路의 개요

01

일대일로一带一路의
정의

중국이 추진하고 있는 일대일로一带一路는 직역하면 하나의 띠, 하나의 길을 의미한다. 일대일로는 중국이 서부 진출을 위해 제시한 국가급정층전략国家级顶层战略 정책이다. 영어로는 Belt and Road Initiative BRI, B&R라고 불린다.

일대일로는 동남아시아·중앙아시아·서아시아·아프리카·유럽을 육해공으로 잇는 인프라·무역·금융·문화 교류의 경제벨트를 말한다. 일대일로에 포괄하는 나라만 62개국이며, 추진 기간은 150년에 달하는 중국의 패권주의적 대외 국책사업이다.

이는 시진핑 주석이 제시한 '중국의 꿈(중국몽)'을 완성할 수 있는 장기적인 차원의 계획이며 2013년 9월 7일 중국 시진핑习近平 주석이 카자흐스탄 나자르바예프대학 강연에서 '실크로드 경제벨트'의 공동 건설에 대한 구상을 처음으로 제안하였다. 그리고 동년 10월 3일 인도네시아 국회에서 '21세기 해상 실크로드'의 구상에 대해 연설하면서 구체화되었다.

실크로드 경제벨트─带는 일대─带는 산시성의 시안 혹은 내몽골 자치구의 후허하오터에서 시작하여 신장 위구르 자치구의 우루무치, 키르기스스탄, 카자흐스탄, 우즈베키스탄, 아제르바이잔, 이란, 터키, 우크라이나, 독일로 이어지는 육상 실크로드이다.

21세기 해상 실크로드─路는 베이징에서 시작하여 톈진, 칭다오, 상하이시, 푸젠성의 취안저우, 광저우, 하이난성의 하이커우, 말레이시아, 태국, 미얀마, 방글라데시, 인도, 스리랑카, 몰디브, 파키스탄, 예멘, 케냐, 탄자니아, 그리스, 이탈리아를 잇는 해상 실크로드이다. 이를 합한 일대일로는 총 49개국을 도로, 철도, 해로 등의 교통 인프라 직접 투자로 연결하여 국가간 운송 시스템을 마련할 것이라고 한다.

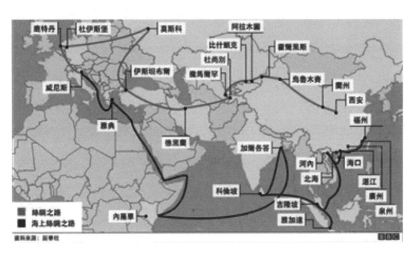

일대일로─带一路 노선도

이에 따라 중국 정부는 현재 새로운 통로를 개척하고 있는데, 맨 위의 이미지가 바로 그 궁극적 목표이고 이를 실현하기 시안시~중앙아시아 일대의 육로와 취안저우~남중국해의 해로를 개발 중이다. 중국 연해 항구와 인도양, 남태평양 등을 거쳐 유럽으로 연결되는 고효율 운송통로 구축을 핵심 목표로 추진한다.

육상 노선은 서부 대개발과 중원 굴기 지역, 그리고 연선까지는 실크로드 경제벨트 지역에 포함되고, 동부선도 지역은 21세기 해상 실크로드 개발 지역에 포함되었다. 동북 진흥 지역은 실크로드 경제벨트 지역으로 포함될 계획을 마련하고 있다.

일대일로^{一帶一路}의 목적

시진핑 중국 국가 주석은 일대일로^{一帶一路} 관련 회의에서 "일대일로 정책은 윈-윈^{win-win}과 공유된 발전을 달성하는 것이라고 말하였다. 그리고 일대일로 정책을 통해 중국뿐만 아니라 더 많은 나라들이 중국 발전의 고속 열차를 타고 그 나라의 발전 목표를 달성하도록 돕고자 하는 것이다"라고 말했다.

따라서 일대일로 정책이 모든 나라, 특히 개발도상국의 평화와 발전에 대한 목표 설정으로 많은 나라에서 폭넓은 지지를 받고 있었다. 모든 나라의 공동 발전은 일대일로 정책의 지향하는 바이다.

일대일로는 고대 실크로드의 역사적 상징을 빌려 평화와 발전의 목표로 실크로드 연선 나라와의 경제적 파트너십을 적극적으로 발전하고, 이익 공동체, 운명 공동체 및 정치적 상호신뢰, 경제통합 및 문화적 포함을 위한 책임 공동체를 만드는 것을 목적으로 한다.

일대일로一帶一路의
의미

일대일로가 경제적, 정치적, 외교적으로 갖는 의미는 다음과 같다.

경제적인 의미

일대일로는 신흥시장과 개발도상국의 개방에 대해 더욱 중요시한다. 일대일로는 선진경제국에 대한 개방을 유지하면서도 국내 자본의 수출과 공급과잉의 산업을 결합함으로써, 각국 특히 주변 나라와의 지속적인 경제 무역 투자 및 생산 가치 협력을 촉진한다.

일대일로는 동남아시아, 남아시아, 중동, 아프리카, 중앙아시아 및 중동부 유럽과 같은 글로벌 신흥시장을 연결하여 중국 기업들이 투자 및 산업 협력을 위해 글로벌로 나아갈 수 있는 폭넓은 플랫폼을 제공한다. 그리고 글로벌 생산 및 마케팅 네트워크를 구축하여 국제 경제

협력 및 경쟁에서 새로운 이점을 촉진한다. 이로써 선진 시장에 대한 의존도가 낮아지고 전 세계 경제 분업 부문에서 중국의 역할과 영향력이 강화될 것이다.

정치적인 의미

일대일로는 육상과 해상 전면적으로 통일된 계획 및 동서부가 서로 호응하는 것을 더욱 중시한다. 따라서 일대일로는 해상 통로의 안전을 철저히 보호하면서 서방에 개방된 아시아-유럽 경제 벨트를 개척하고, 연선 나라 인프라를 서로 연결하고자 한다. 이를 통해 안전하고 효율적이며 육상 및 해상 통합을 위한 대규모 경제 사이클 및 지리적 전략을 촉진할 것이다.

외교적인 의미

일대일로는 협력과 원-원, 개방과 포용을 더욱 중시한다. 중국은 일대일로를 통하여 평화로운 발전의 길을 굳건히 지키며 이웃 나라들과 우호와 평화로운 외교 관계를 적극적으로 발전시킨다. 이로써 중국의 발전전략과 다른 나라의 발전 전략을 잘 연계하여 자본, 기술 및 초월한 생산력을 서로 수출하고 제휴하여 서로 이익을 얻는 관계를 구축하고자 한다.

일대일로는 기존 협력체제의 플랫폼 역할을 충분히 발휘하여 아시아인프라투자은행(AIIB; Asian Infrastructure Investment Bank), 실크로드 펀드 등 새로운 금융 협력체제의 구축을 적극적으로 추진하여, 더 넓은 범위,

영역, 더 깊은 측면에서 협력하고 연선 나라와 지역의 경제 및 문화에 대한 양성 교류와 발전을 촉진시킨다.

일대일로一帶一路의
역사적 배경

일대일로는 현대에서 새로 나온 개념이 아니라 고대 중국의 실크로드에서 착안되었다. 실크로드는 고대 중국에서 시작되어 아시아, 아프리카 및 유럽을 연결하는 고대 육로 상업 무역로, 초기 역할은 고대 중국에서 생산 된 실크, 도자기 및 기타 상품을 운송하는 것이 었으며 나중에 동서양 간의 경제, 정치, 문화 및 기타 교류의 주요 경로가 되었다.

실제로 실크로드는 기원전 114년부터 서기 127년까지 중국과 중앙아시아, 중국과 인도 사이의 실크 무역에 의해 중재된 서부 지역의 상업을 위한 경로였다. 이 용어는 학계와 일반 대중에 의해 빠르게 받아들여지고 공식적으로 사용되었다. 나중에 독일 역사가 홀만Holmann은 20세기 초 새로 발견된 문화 유물과 고고학 자료를 바탕으로 「중국과 시리아 사이의 고대 실크로드」라는 책을 출판하고 실크로드를 지중해와 소아시아의 서해안으로 확장했으며 실크로드의 기본 의미, 즉 중앙아시아와 남아시아, 서아시아, 유럽 및 북아프리카를 통한 고대 중국 간의 토지 무역 교류를 위한 통로였다고 하였다.

교통수단 측면에서 실크로드는 주로 육상 실크로드와 해상 실크로드로 나뉜다.

육로 실크로드는 서한 왕조(기원전 202-8년)를 말하며, 한의 무디 황제가 장첸을 보내 수도 장안(현재의 시안)에서 시작하여 량저우, 주취안, 광저우, 둔황, 신장, 중앙아시아 국가, 아프가니스탄, 이란, 이라크, 시리아 등을 거쳐 지중해에 도달하여 로마에서 끝났다. 이 도로는 유라시아 대륙을 연결하는 고대 동서양 문명의 만남의 길로 간주되며, 실크가 가장 대표적인 상품이었기에 실크로드라는 명칭이 붙게 되었다.

해상 실크로드는 고대 중국과 세계 각지의 경제 및 문화 교류를 위한 해로를 말하며, 가장 초기의 개통은 진나라와 한나라에서 시작되었다. 광저우, 취안저우, 닝보, 양저우와 같은 해안 도시, 남해에서 아라비아해, 심지어 아프리카 동해안까지 해상 무역의 해상 뱃길을 말한다.

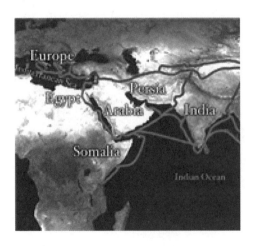

시대의 발전과 함께 실크로드는 고대 중국과 서양 간의 모든 정치적, 경제적, 문화적 교류의 집합적 이름이 되었다. '육로 실

크로드'와 '해상 실크로드' 외에도 북쪽으로 몽골고원까지 이어진 다음 서쪽으로 천산산맥의 북쪽 산기슭으로 이어지는 '대초원 실크로드'가 중앙 아시아로 이어졌다.

05

일대일로^{一帶一路}의
추진 과정

일대일로 정책은 2013년 9월 7일 중국 시진핑^{习近平} 주석이 카자흐스탄 나자르바예프대학 강연에서 '실크로드 경제벨트'의 공동 건설에 대한 구상을 처음으로 제안하였다.

2013년

2013년 10월 3일에서 인도네시아 국회에서 '21세기 해상 실크로드'의 구상에 대해 연설하면서 구체화되었다. 중국몽을 실현할 방법에 대한 시진핑의 지도하에 중국공산당은 실크로드의 부활을 통한 주변국과의 연계 발전 전략을 제시했다.

시진핑은 중국과 주변국 간의 연계성을 통한 발전 방식을 강조하는 자리에서 실크로등 경제 벨트와 21세기 해상 실크로드를 제안했고, 이를 국가기관, 지방정부, 연구기관, 국영기업, 이익단체가 포함된 당

조직에 하달하여 실크로드 전략에 적합한 각 기관과 지역의 의견을 요청했다.

2013년부터 2018년까지 중국 기업은 일대일로 국가에 900억 달러 이상을 투자했으며 일대일로 국가의 외국 계약 프로젝트 매출액은 4,000억 달러를 초과했다.

2014년

2014년 4월의 아시아교류신뢰구축회의^{CICA} 기간 중 중국은 아시아 인프라투자은행^{AIIB} 설립구상을 제기했다. 그리고 2013년 10월에는 아시아 21개국과 AIIB 창설 양해각서를 체결했다.

2014년 11월 베이징에서 열린 아시아-태평양경제협력체^{APEC} 정상회의에서는 실크로드 기금 설립을 선포하기도 했다.

2014년 12월 간쑤성 란저우와 신장위구르자치구 우루무치를 연결하는 총 길이 1776㎞의 고속철도 전 구간을 개통하고 같은 시기에 구이저우성의 구이양과 광둥성 광저우를 잇는 856㎞ 구간과 광시자치구 난닝과 광저우를 잇는 574㎞ 구간의 고속철도를 개통하였다.

2015년

2015년 3월 8일 중국 외교부 왕이 부장은 베이징 미디어센터에서 기자회견을 갖고 "2015년 중국 외교의 키워드는 일대일로^{One Belt One Road}"라고 밝혔다. 여기에서 실크로드 경제 벨트와 21 세기 해양 실크로드 공동 건설을 위한 비전과 행동을 발표했다.

이때부터 중국 국무원이 실크로드 공동 건설을 위한 비전과 행동을 위하여 중국 중앙의 정층 설계 방식을 근거로 각 지방정부가 지방 특색의 중층 설계를 진행한 후 그 의견을 종합한 일대일로 액션플랜을 기획하여 제공하였다. 이런 정책 종합 방식으로 일대일로 관련 정층, 중층 설계를 진행하였다.

2016년

2016년 1월에 지방정부는 중앙 지도부의 의견을 논의하고 지방 버전의 제13차 5개년 경제계획에 반영했다. 이후 3월에 개최된 중국 양회를 통해 지방 버전의 일대일로가 중앙에 제출되어 중앙의 일대일로를 완성하였고 국제사회와의 연계가 시작되었다.

2017년

2017년 3월, 유엔 193개 회원국은 중국의 일대일로사업과 같은 경제 협력 사업을 환영하고 국제사회에 일대일로 건설을 위한 안전한 환경을 제공할 것을 촉구하는 합의에 의한 결의안을 채택했다.

2017년 5월 베이징에서 제 9회 국제 협력을 위한 일대일로 포럼이 성공적으로 개최되어 140개국의 국가 및 정부 수반, 80국 이상의 1600명 이상의 대표 및 76개 이상의 국제기구가 참석했다. 포럼은 279개 범주에서 2,019개 주요 항목 및 4개의 특정 성과를 구성했으며 모두 구현되었다.

2017년 5월 제100회 일대일로 국제협력포럼 이후 중국은 이 노선을 따라 있는 국가들과 50개 이상의 협력 문서에 서명하여 90개 이상의 농산물과 식품에 대한 검역 접근을 달성했다. 중국과 카자흐스탄, 키르기스스탄, 타지키스탄 간의 농산물 통관을 위한 '녹색 채널' 건설이 적극적으로 추진되었으며 농산물 통관 시간이 12% 단축되었다. 중국은 외국인 투자를 위한 접근 분야를 더욱 완화하고, 높은 수준의 국제 비즈니스 환경을 조성하고, 세계에 개방 15개의 파일럿 자유무역 지대를 설정하고, 일대일로 국가의 투자를 유치하기 위해 자유무역 항구 건설을 모색했다.

2017년 11월에는 중국, 헝가리, 체코, 슬로바키아, 크로아티아 등 14개국의 금융기관을 포함한 회원사로 구성된 중국-CEEC 인터뱅크가 설립되었다.

2018년

2018년 1월, 제 172회 국제 협력을 위한 일대일로 포럼이 베이징에서 계속 개최되었다. 일대일로 국제협력포럼은 참가국과 국제기구가 교류를 심화하고 상호신뢰를 강화하며 긴밀한 교류를 유지하는 중요한 플랫폼이 되었다.

2018년 중국 기업은 일대일로 주변 국가에 대한 비금융 직접 투자로 8억 달러를 달성했으며 이는 전년 대비 9.13% 증가하여 같은 기간 전체의 0.893%를 차지했다. 일대일로 국가의 외국 계약 프로젝트 매출액은 53억 달러로 같은 기간 전체의 0.4%를 차지했다.

2018년 12월 중국은 일대일로를 따라 47개국과 38개의 양자 및 지역 해상 운송 협정을 체결했다. 이로써 중국-유럽 익스프레스는 유라시아 16개국 108개 도시를 연결했고, 총 110만 TEU 이상의 상품을 연결했으며, 대형 컨테이너 비율은 중국에서 출발 94%, 중국에 도착하는 비율이 71%이다. 통관 촉진을 개선하기 위해 일대일로를 따라 국가와 조정하고 협력했으며 평균 검사율과 통관 시간이 50% 감소했다.

2018년 말까지 중국 수출 및 신용 보험 공사는 일대일로 주변 국가에 대한 수출 및 투자를 6,000억 달러 이상으로 지원했다. 그리고 중국 은행, 중국 공상 은행, 중국 농업 은행 및 중국 건설 은행과 같은 중국 은행은 일대일로 주변 국가와 광범위한 특파원 은행 관계를 구축했다. 코메르츠방크와 ICBC는 협력에 관한 양해각서에 서명하여 "일대일로" 은행 협력에 따른 은행 협력의 정상화 메커니즘에 합류한 최초의 독일 은행이 되었다.

2021년

2021년 10월 14일 제2차 유엔 지속 가능한 교통 세계 회의 개막식에서 시진핑習近平 국가 주석은 다음과 같이 기조 연설하였다.

"일대일로 구상이 제안된 지 지난 9년 동안 중국은 공동 건설 국가와 함께 철도, 고속도로, 항만, 공항과 같은 교통 인프라와 같은 에너지 기반을 포함하여 많은 인프라를 구축했다. 풍력 발전소, 태양광 발전소 및 수력 발전소와 같은 시설은 프로젝트가 위치한 국가에서 고용 기회를 늘리고 경제성장을 주도할 뿐만 아니라 이들 국가의 녹색 경제 및 디지털 경제 발전을 촉진하였다."

06

일대일로^{一带一路}의
결실

일대일로 사업의 일대^{一带}는 산시성의 시안 혹은 내몽골 자치구의 후허하오터에서 시작하여 신장 위구르 자치구의 우루무치, 키르기스스탄, 카자흐스탄, 우즈베키스탄, 아제르바이잔, 이란, 터키, 우크라이나, 독일로 이어지는 육상 실크로드를 건설하는 것이다.

일로^{一路}는 베이징에서 시작하여 톈진, 칭다오, 상하이시, 푸젠성의 취안저우, 광저우, 하이난성의 하이커우, 말레이시아, 태국, 미얀마, 방글라데시, 인도, 스리랑카, 몰디브, 파키스탄, 예멘, 케냐, 탄자니아, 그리스, 이탈리아를 잇는 해상 실크로드이다. 이를 합한 일대일로는 총 49개국을 도로, 철도, 해로 등의 교통 인프라 직접 투자로 연결하여 국가 간 운송 시스템을 마련하는 것이다.

이로 인하여 일대일로 주변 국가들과 철도, 고속도로, 해운, 항공

200   *시진핑의 다자주의*

및 우편 서비스와 같은 다양한 분야를 포괄하는 양자 및 지역 운송 협정을 130개 이상 체결했다. 그리고 73개의 수로 및 고속도로 항구를 통해 관련 국가와 356개의 국제 도로 여객 및 화물 운송 노선이 개통되었으며, 해상 운송 서비스는 일대일로 국가를 포괄하고 있으며 주변국가 43개국과의 직항 항공이 실현되었다. 이로 인해 매주 약 4,200편의 항공편이 움직이고 있다.

또한 중국은 일대일로 사업을 통하여 중부 유럽 국가와 도시 사이에서 중국-유럽 철도 익스프레스는 50,000가지 이상의 상품을 운송했을 뿐만 아니라 방역 기간 동안 중국에서 유럽으로 많은 양의 방역 물질을 운송하여 보호에 큰 기여를 했다.

그리고 협력의 고품질 공동 건설 프레임워크 아래 중국 기업은 지역 녹색 경제 발전을 촉진하기 위해 많은 국가에서 녹색 및 청정 에너지 프로젝트를 건설 및 개발했다. 예를 들어 UAE 두바이 사막 배후지에는 세계 최대 설치 용량과 최대 투자 규모의 태양열 프로젝트가 현재 건설 중이며, 2020년 말까지 10개의 수력 발전소가 건설되며 캄보디아, 파키스탄, 크로아티아, 폴란드에 풍력발전소 건설, 다수의 태양광 프로젝트 참여 등 동시에 디지털 실크로드 건설도 결실을 맺었다.

또한 중국-중앙아시아, 중국-미얀마 천연가스 파이프라인, 중국-카자흐스탄, 중국-러시아 송유관 개통, 아시아-태평양 국제해저직접케이블APG 프로젝트 개시, 동북아-유럽, 중앙아시아- 중동-유럽, 남아시아-유럽, 동남아시아- 유럽 4개 육상 네트워크를 구축하였다.

일대일로는 중국에서 시작되었지만, 결과는 전 세계에 영향을 미쳤다. 일대일로의 건설은 문명 교류, 평화와 평온, 공동 발전 추구, 더 나은 삶에 대한 사람들의 열망을 담고 있으며 세계 국가 발전에 새로운 기회를 제공할 뿐만 아니라 중국을 개방하였다. 일대일로는 모든 국가의 백성에게 발전의 희망과 빛을 가져다줄 것이며 발전의 배당금이 세계 각지에서 다양한 혜택을 줄 것이다.

마셜 플랜과의 차이

중국은 일대일로一帶一路 사업을 처음 추진할 때 마셜 플랜(제2차 세계 대전 이후 미국이 서유럽의 동맹국을 도와 경제를 회복시킨 프로그램)과 비교하며, 이를 통해 참가국의 부흥을 도울 수 있다고 주장하였다. 이를 위해서 일대일로 사업의 초창기인 2013~2015 중화권 언론매체에 대대적으로 홍보하였다.

서유럽은 중국보다 최소 100~200년은 일찍이 공업화를 진행시켰고 이에 따른 노하우를 가지고 있었다. 따라서 서유럽 국가들은 마셜 플랜의 지원을 이용하여 경제적으로 일어서는 데 성공했고, 제2차 세계대전 전후 복구를 성공적으로 수행하였기에 부인할 수 없는 미국의 대외적 업적이라는 평가를 받는 반면, 중국의 일대일로 대상 국가들은 산업화가 제대로 진행되지 않았을 뿐더러, 노하우도 없어 경제적 지원만으로 제조업을 일으킬 수 없는 국가들이라는 데 문제점이 있다. 특히 일대일로는 항구, 도로 등 인프라 산업에 투자하는 비중이 큰 편인데, 수출 경쟁력을 갖춘 제조업 기반이 없는 국가에 커다란 항구를 지어도 경제적 활용이 어렵다는 점은 자명하다.

마셜 플랜은 완전한 무상원조가 아니며 무상증여+대출의 형태로 지원되었다. 일례로 아일랜드의 경우 1억 4620만 달러를 지원받았는데, 그 중 85% 이상인 1억 2820만 달러가 대출이었으며, 증여받은 금액은 1800만 달러에 불과했다.

마셜 플랜으로부터 가장 큰 수혜를 입은 국가들의 특징을 살펴보면, 강대국이면서 미국이 유럽에 정치, 경제적 영향력을 행사하는 데 앞장설 수 있는 국가들이라는 공통점을 가지고 있다. 85%가 빚이었던 아일랜드와는 반대로, 영국과 프랑스의 경우 85%가 증여였으며, 15%만이 대출이었다.

일대일로도 무상이 아니라 대출인데, 문제는 일대일로 국가들이 일대일로 인프라를 충분히 활용할 산업기반이 부족하여 항구, 고속도로를 이용한 수출의 이득을 기대할 수 없다는 것이다.

따라서 일대일로 국가들은 마셜 플랜 국가들과는 달리 제조업 기반의 산업이 조성되어 있지 않다. 따라서 항구와 고속도로를 건설하더라도 수출 경쟁력을 갖춘 공산품이 미약하여 국가 무역수지 개선에 도움이 될지는 미지수이다. 수입이 없을 경우 기반시설 운용권이 중국에게 매각되거나 초장기 임대될 수 있으며, 최악의 경우엔 중국 기업이 진출해서 국가 경제가 중국에 종속된다. 또한 사업에 따른 과실과 이익은 대부분 중국 측이 가져가며, 중국이 채권자로서 이 사업을 진행시킬수록 상대 국가는 깊은 채무의 수렁에 빠진다.

마셜 플랜은 유럽 동맹국들에 경제적, 군사적 지원을 통해 소련의 팽창을 봉쇄하려는 의도도 있었다. 그러나 중국은 경제, 군사적 목적을 가지고 있을 뿐, 그 나라의 국민들을 잘살게 해주는 것에는 관심이 없으며 참가국을 경제적, 군사적 지원을 통해 키워주지도 않는다.

일대일로 프로젝트는 중국의 이익을 높이면서 부수적으로는 자국의 철도 수출과 건설 업종 부흥 등 중국의 기업에 이롭게 설계된 프로젝트이기도 하다.

결국 마셜 플랜과 일대일로는 부채를 써서 상환에 성공할 경우 자국 소유의 기반시설을 가질 수 있다. 그러나 문제는 일대일로에 참여하는 국가들 상당수가 그 부채를 상환할 능력이 없으면서도 빚을 내고 있다는 것이다.

마셜 플랜은 자국의 인적·물적 자본을 활용하기 때문에 상대국은 여러 가지 이익을 얻을 수 있지만, 일대일로는 중국의 인적·물적 자본을 활용하기 때문에 중국은 막대한 수익을 보는 구조로 되어 있다.

제7장

일대일로一帶一路의
전략

01

多
边
主
义

정책교류 _{政策溝通}

정책교류는 일대일로^{一帶一路} 건설에 대한 아주 중요한 보증이다. 일대일로 정책은 아시아와 유럽의 새로운 지역 협력 프레임 워크로서 다양한 분야를 망라하고 국경 간 투자 분야가 다양하다. 또한 복잡한 프로젝트 구조와 많은 참여 기업이 있으며 내부 운영을 위해 법률, 규정 및 원칙과 이에 대한 준수를 필요로 한다. 따라서 정책교류가 절대적으로 필요하다.

현재 일대일로 정책과 관련된 나라가 60개국이 넘고 있으며, 이 나라들의 법률 시스템에는 영미법, 대륙법 및 이슬람 법률 시스템이 포함된다. 무역 규칙은 법률 시스템에 따라 다를 수 있다. 같은 법률 시스템도 나라에 따라 규정이 다를 수 있다. 또한 일부 나라에서는 법률 제도를 보완하지 않는데 이런 경우에는 국제적 관습법을 통해서 행위를 통일하고 공동 이익을 유지할 수 있다. 그중에 관행적인 내용은 무역,

금융, 보험, 세관, 세무, 업계 표준, 지적 소유권, 중재 및 기타 분야를 다루어야 하며, 이러한 측면에서 기존 국제 관행을 신중하게 정리해야 한다.

일대일로 정책 선로를 따라서 있는 해당 나라 및 지역과 무역이나 투자를 협정, 국제기구의 설립 및 국제기구 헌장의 제정을 통해 달성할 수 있다.

인프라연결設施聯通

일대일로一帶一路를 공동으로 건설하는 우선 분야이다. 인프라연결은 도로, 철도, 공항, 항만과 같은 인프라를 건설 혹은 개선해 물리적 네트워크를 건설하려는 것이다. 여기에는 교통 시설뿐만 아니라 파이프라인, 송전망 및 크로스보더 케이블 건설과 같은 기반 시설 건설도 포함된다.

최근 몇 년 동안 중국과 선로를 따라서 있는 국가 간의 무역은 장족의 발전을 이루었지만, 여전히 다양한 무역 장벽이 있어 상거래 규모 확대가 쉽지 않다. 따라서 무역 및 투자 확대를 위해 정보 교환, 세관, 인증 등 협력 과정을 더욱 편리하게 할 필요가 있다.

일대일로 정책은 중국과 일대일로 선로를 따라서 있는 나라들과 철도, 고속도로, 수로, 민간 항공 및 우편 서비스를 포함한 130개 이상의 프로젝트에 대하여 양자 및 지역 간에 협정을 달성했다. 또한 중국–동남아세아동맹AUN, 매콩강유역개발구역GMS, 중앙아시아 지역 등 지역성 교통 발전 전략계획을 세웠다.

73개 고속도로와 수로를 통해 356개 국제도로와 육해연결 운송의 경로가 개통되었으며, 11개의 국경 관통 철도가 건설되었다. 그 일례로 중국–유럽 화물열차는 11개 유럽 국가의 29개 도시와 연결되어 있다.

중국과 파키스탄 경제 통로와 중국–러시아 헤이허대교를 포함한 여러 국제 프로젝트와 다른 해외 인프라 연결 프로젝트를 통해 일대일로 선로를 따라서 있는 국가의 해상, 육지와 항공의 입체적인 운송 네트워크가 형성되고 있다.

헤이허대교

무역원활화 ^{貿易暢通}

무역원활화는 통관제도, 수출입안전관리우수
공인업AEO; Authorized Economic Operator 인증제도, 무역 및 투자 편리화 등 국
경을 넘어 원활한 흐름을 위한 제도적 연계를 의미한다. 일대일로一帶一
路 선로를 따라서 있는 나라의 산업구조가 다르고 경제적으로 상호 보
완될 수 있으므로 무역 성장 가능성이 높다.

일대일로는 무역 장벽을 허물고 플랫폼을 구축하고, 수입정책 개
선 등의 방법을 통해 적극적으로 본국과 주변 국가의 무역 거래를 확
대하고 무역 구조를 최적화한다. 일대일로는 수출 금융, 수출신용보험
등 정책을 활용해 대형 설비와 전기 기계 제품, 첨단 제품 수출을 추진
하고, 선로를 따라서 있는 나라에 산업전환 업그레이드의 요구를 충족
시킨다. 기업은 선로를 따라서 있는 교통 중추에 물류 거점과 배송센터
를 구축하여 지역 마케팅 네트워크를 보완하고 시장 배치를 더욱 최적

화할 수 있도록 지원한다.

일대일로는 관련국과의 국경무역을 발전시키고, 선로를 따라서 있는 나라와 관광, 의약, 문화 등 분야에서 계속 교류와 합작을 통해서 중국과 외국 서비스업 기업 간에 협력을 추진한다.

중국-CEEC투자무역엑스포, 중국-아세안박람회, 중국-남아시아박람회, 유라시아엑스포, 중국-아랍엑스포, 캔톤 페어 등 전시회를 개최하여 일대일로 선로를 따라서 있는 기업 간에 더 긴밀한 무역 관계를 맺는다.

자금융통 资金融通

　　　　　　　　　　　　　일대일로—带—路 정책의 추진에는 천문학적인
비용이 들어간다. 위안화 국제화, 수출입안전관리우수공인업AEO과 브릭
스 개발은행BRICS등 금융기구를 설립하여 자금 융통을 추진하려고 한
다. 중국 정부가 주도하는 아시아인프라투자은행AIIB, 신개발은행NDB, 상
하이협력기구 개발은행 및 실크로드 기금이 이미 운영을 시작하였다.

　　중국인민은행은 여러 나라의 중앙은행과 양국 통화 스와프 협정을
체결했고 역외 위안화 거래 결제 업무를 수행하게 되었다. 국유은행-
주식은행 및 민영은행은 이미 해당 참여국에서 영업망을 분산 설치하
고 일대일로 관련한 금융서비스 제품을 개발하기 시작했다.

　　아시아인프라투자은행는 아시아 지역적 인프라 개발은행으로 자리
매김하고 있지만 일대일로 참여국이 이미 전 세계에 걸쳐 있기 때문에
아시아인프라투자은행 업무는 전 세계에 영향을 미칠 수밖에 없다.

많은 개발도상국들에게 아시아인프라투자은행은 분국의 인프라에 대한 투자와 건설을 증가시키고 강화하여 지속적인 경제 안정과 경제력 발전을 촉진할 수 있다.

05

多边主义

민심상통 民心相通

민심상통은 관광, 의료, 학술, 체육, 문화 등의 인적 교류를 추진하는 것이다. 여러 나라를 넘은 일대일로一帶一路 정책이 선로를 따라서 있는 나라들의 민중의 지지를 얻을 수 있다면 더욱 순조롭게 진행될 것이다. 이에 따라 폭넓은 인문 교류와 미디어 협력, 관광 협력 등 다양한 방식으로 이해관계를 증진해 일대일로 건설을 함께 추진해야 한다. 민심 상통 방면에서 문화교류가 가장 효과적이고 인기 있는 교류 방식이다.

일대일로 선로를 따라서 있는 나라들의 중요 문화기구 간에도 직접적인 협력관계가 구축되었다. 실크로드 국제극장연맹-실크로드 국제박물관연맹-실크로드 국제아트페스티벌연맹-실크로드 국제미술관연맹-실크로드 국제 도서관연맹 등 5대 연맹의 설립을 통해서 효율적인 문화를 교류한다.

중국 정부는 매년 만개의 정부 장학금 분배 정원을 일대일로 선로를 따라서 있는 나라에 지원하고, 중국 지방정부도 실크로드 특별 장학금을 만들어 선로를 따라서 있는 국가 및 지역에 우수한 기술 인력을 배양하고 있다. 선로를 따라서 있는 국가와 문화축제, 관광 축제, 예술제, 영화제, 도서전 등 이벤트를 개최하여 각 나라의 민족문화를 전파하고 다른 사회 제도를 가진 국가들의 풍토와 인정을 통해 상호 이해가 증진되었다.

제8장

일대일로一帶一路의 배경

多
边
主
义

중국의 꿈(중국몽)

현재 전 세계에서 미국 다음으로 중국을 꼽을 정도로 국가로서 확고히 자리매김하고 있다. 특히 1978년 개혁개방 정책 결정을 통한 경제 시스템의 대변화를 통하여 시장경제 운용시스템을 도입하였다. 그 결과 놀라운 경제적 성장을 이루어 국제사회에서 중국의 정치적 위상까지도 높이게 되었다.

2013년 국가주석이 된 중국 최고 지도자 시진핑은 과거의 외교 전략이었던 도광양회韬光养晦(자신의 재능이나 명성을 드러내지 않고 참고 기다린다) 전략으로부터 세계의 중심으로 발전하겠다는 '중국의 꿈中国梦'이라는 비전을 제시하였다.

'중국의 꿈'은 중국인 한 사람 한 사람의 꿈이 모여 중국 전체의 꿈이 된다며 단결을 주장했고 이는 이후 시진핑이 세계 각국의 꿈이 모여 세계의 꿈이 되고 연계성을 통해 더 광활한 공간을 갖게 될 것이라고 주장한 것과 연결되는 부분이다.

그러나 '중국의 꿈'을 달성하기 위해서는 강한 경제력이 바탕이 되어야 하는데, 최근 중국 경제의 위기로 인하여 성장 속도가 둔화되고 있다. 그리고 국제사회에서 중국 위기론도 지속적으로 제기되고 있다. 따라서 중국은 성장을 지속하기 위해서 새로운 성장 동력의 창출을 모색하는 동시에, 경제 성장에 필수적으로 수반되어지는 에너지 자원을 안정적으로 확보하기 위한 방법을 고민하지 않을 수 없었다.

현재 정권의 비전인 '중국의 꿈'을 최종적으로 달성하기 위하여 현재 해결해야 하는 문제들이 있고 이를 해결하기 위한 구체적 추진 전략으로 일대일로一帶一路 전략을 내세우기 시작하였다.

02 경제적 배경

중국 정부는 경제 구조를 수출로 변화시켜 왔
다. 하지만 중국이 생산하는 물품을 전 세계에서 모두 소화하기에는
수요가 부족하다. 그러면 과잉생산 문제가 터진다. 따라서 일대일로一带
一路를 함으로써 다른 나라에 돈을 빌려주고 그 돈으로 중국기업이 사
회기반시설을 지으면서 과잉생산 문제를 해결하자는 것이다.

일대일로 정책으로 건설되는 육로와 해로 주변 국가의 총인구는
약 44억 명이고 경제총량은 21억 달러로 각각 전 세계의 63%와 29%를
차지한다. 일대일로 사업은 중국-중·동유럽 협력체(16+1)를 강화하고
중국-유럽 간 협력을 이끌어낼 것으로 보인다. 중국은 우선 해상 실크
로드를 통해 아세안 10개국과의 교역을 확대할 방침이다.

더욱이 넘치는 외환 보유고를 쌓아놓기만 해서는 위안화 가치가
상승해서 수출 경쟁력에 지장이 있다. 때문에 일대일로 프로젝트를 통

해 넘치는 외환을 대출 형식으로 국외에 사용할 곳을 만들고, 중국내의 과잉된 시중 유동성을 흡수하는 일거양득의 효과가 있다. 또한, 아시아의 무역과 투자에서 인민폐의 사용을 증가시켜, 인민폐를 국제통화로 육성하는 효과를 노리고 있다. 부수적으로는 자국의 철도 수출과 건설 업종 부흥 등 중국의 기업에 이롭게 설계된 프로젝트이기도 하다.

일대일로 정책으로 인하여 중국은 중국 주도의 메가 경제권을 형성할 수 있게 된다. 그리고 새로운 경제 성장 동력을 확보할 수 있으며, 중국의 심각한 경제 격차 해소 효과가 생긴다.

특히 중국 내 격차 해소와 관련, 일대일로 정책으로가 중국 중서부 개방과 개발을 골자로 함에 따라 이를 통해 불균형 발전을 해소하고 도농 격차를 줄이며 소수민족의 독립 움직임도 어느 정도 약화시킬 수 있을 것으로 예상된다.

03 서부 대개발

역사적으로, 중국은 동남부 해안선을 따라 있는 해안 도시들 먼저 대외 개방을 하였고, 많은 해외 자본과 생산 설비 등이 해안 도시를 기점으로 파급되기 시작하였다. 그리하여 서부와 동부의 경제적 격차는 날이 갈수록 벌어졌고, 이러한 동서 간의 격차로 인하여 서부 주민들은 상대적 박탈감을 느끼며 중국의 사회적 통합을 이루는 데에 방해 요소로 작용하였다.

과거 중국은 강경책을 통하여 서부의 반발을 잠재웠지만, 동서의 격차가 확대되어 감에 따라 이들의 불만은 종교, 민족 문제와 연계되면서 중앙으로부터의 분리 독립 운동으로까지 발전하였고 이는 곧 테러로 나타나고 있다.

따라서 중국은 일대일로一带一路 프로젝트를 통하여 더 이상 강경책보다는 서부지역의 경제를 활성화시켜 상대적 박탈감을 해소시킴으로써 분리 독립의 필요성을 잠식하는 방향으로 인식의 전환이 일어났다.

에너지 공급

중국은 1993년부터 원유 수입국이 되었고 자국 내에 많은 생산시설과 현대화로 인하여 2009년에는 미국을 제치고 세계 최대 석유 소비국이 되었다. 따라서 지속적인 경제성장을 위해서 원활한 에너지의 공급이 필요하기에 안정적인 에너지 수입로가 절실하였다.

그동안 대부분의 에너지 자원 수송은 해상으로 운송되었기에 그동안 제기되어온 해상 무역로의 안정적인 확보 이외에, 1990년대 이후 해양이 아닌 유라시아 대륙을 가로지르는 에너지 운송의 필요성과 중요성 역시 제고되었다.

일대일로는 중국의 에너지 안보를 강화하는 데도 도움이 된다. 육상 실크로드가 지나가는 중앙아시아와 구소련 지역에는 석유와 천연가스가 풍부하다.

해상 실크로드는 동남아 무역과 석유 운송로에 대한 중국의 영향력 강화에 일조할 것으로 보인다. 중국이 수입하는 원유의 80%가 해상 실크로드의 일부인 말라카 해협 항로로 운송되기 때문이다.

따라서 중국은 일대일로 프로젝트를 추진하여 안정된 에너지 공급로를 확보하려고 한다.

05 국내 공급과잉 해소

多 边 主 义

중국은 세계무역기구^{WTO}에 가입한 2001년~ 2008년까지 경제 호황을 누렸는데 내부 문제 개선에는 집중하지 못하였다. 더욱이 2008년 세계 금융위기의 여파로 대외 수출 의존도가 높아지면서 미국 국채와 미국의 달러 위주의 준비자산을 보유했던 중국은 큰 위기를 맞았다.

결국 2012년 중국의 양적완화 효과가 마무리되면서 소득 불균형, 지역발전 불균형, 환경오염, 부정부패, 지방정부 부채, 비효율적인 시장자원 관리 등의 경제문제에 직면했다. 또한 조선, 시멘트, 철강 등의 분야에서 생산 설비를 과도하게 확장했는데 대외경제의 악조건에 의해 재고가 축적되었다. 이러한 과잉생산 품목이 중국 산업에 악영향을 미쳤다.

이에 따라 시진핑 지도부는 생산 설비 확장 억제, 구조조정, 내수

시장 확대, 새로운 해외시장 개척과 투자, 산업구조 향상, 시장 효율성 제고 등을 방법으로 과잉생산 품목을 해결하려 하였다. 즉, 해외수요 확대를 통한 국내 과잉 공급을 해결하기 위하여 결국 일대일로一帶一路 전략을 추진하는 촉진제가 되었다.

06 정치적 배경

多
边
主
义

중국은 광활한 국토를 가지고 있고 내륙으로 많은 국가들과 마주 하고 있고 동남부의 해안선을 따라 마주하고 있으며 바다와 인접해 있다. 따라서 내륙과 해양을 통해 다양한 무역로를 가지고 있을 것으로 보이지만, 내륙은 북쪽으로 몽골과 러시아에 의해 진출 통로가 막혀 있고, 서쪽으로는 구소련 연방 국가들 즉, 러시아의 영향력이 큰 국가들에 의해 둘러싸여 있으며, 해양으로는 남중국해에서 영토분쟁으로 인해 불안한 상황이다. 더욱이 미국의 아시아 방어선에 포위되어 있다.

미국은 아프간 전쟁을 끝내면서 아시아 지역으로의 회기를 신 전략으로 내세우며 아시아 재균형 정책을 재확립하였다. 냉전 시대 이후 패권국으로 자리매김해온 미국이 G2로 부상한 중국을 견제하기 위한 전략이라고 할 수 있다.

현재 영토분쟁 중인 남중국해를 통해 많은 무역 선박이 운송되고 있고, 미국은 남중국해 영토분쟁과 관련된 국가들과 군사협력을 강화하는 것은 중국을 견제하기 위한 미국의 전략으로 이해될 수 있다.

이러한 상황에서 중국은 미국의 대중국 포위 전략에 해상 무역로의 봉쇄를 걱정하지 않을 수 없고, 이에 상응하는 회피 전략을 구축해야 했다.

군사적 배경

중국이 일대일로一带一路 정책을 추진하려는 의
도에는 군사 전략적인 의도도 내포돼 있다. 2000년대 초반부터 중국은
파키스탄·미얀마·방글라데시 등 인도양 주변국에 대규모 항만을 건설
하려는 전략을 가지고 있었으며, 전략적 진출 거점을 연결하면 마치 진
주목걸이와 비슷하다는 의미에 붙여진 '진주목걸이 전략'의 확장판이
바로 일대일로다.

시진핑이 국가 주석으로 등장하면서 추진하기 시작한 일대일로는
중국이 전쟁 등 최악의 상황이 발생해, 미국이 말라카 해협을 해상 봉
쇄할 경우 생기는 에너지 단절을 피하겠다는 고도의 전략이다. 또한
중국의 주변 국가를 중심으로 남중국해~인도양~대서양까지를 잇는
해상 실크로드를 건설해 중국이 세계적 강대국으로 올라서겠다는 계
획을 담고 있다.

중국은 이미 파키스탄, 스리랑카 등 인도양과 접한 국가들로부터 해양 기지를 건설해주고 이를 조차해 사용하기 시작했으며 내륙으로는 주변국들에게 경제 협력 방식을 통해 중국에서 시작되는 고속철도망을 건설하고 있다.

이들 지역의 물류, 에너지, 산업 등을 하나로 묶어 중국을 중심으로 하는 거대 경제블록을 건설하겠다는 계획을 숨기지 않고 있다. 중국이 일대일로나 내륙 실크로드를 건설하는 대상으로 삼는 곳은 대부분 미국과 외교 관계가 원만하지 않거나 정치 문제로 혼란을 겪는 제3세계에 치우쳐 있다. 즉, 일대일로에 참여한다는 것은 미국과 연계된 나라들과 대항하겠다는 것이다. 이는 최소한 일대일로 프로젝트에 반대하는 미국-일본-인도와 잠재적 적국이 되는 것을 의미한다.

이에 따라 시진핑 지도부는 육로와 해로를 건설하여 고립된 중국을 전 세계로 진출할 수 있도록 일대일로 전략을 추진할 수밖에 없게 하였다.

제9장

일대일로 一带一路 의
효과

파키스탄과의 협력

중국은 중국 본토와 파키스탄을 잇는 최대 3,000km의 대규모 엔지니어링 프로젝트와 460억 달러의 투자에서 파키스탄과 협력했다. 중국은 파키스탄을 일대일로一帶一路의 허브이자 주력 프로젝트로 만들기 위해서 할 수 있는 모든 역량을 결집하였다.

2013년 8월 27일, 파키스탄 이슬라마바드에 중국-파키스탄 경제 회랑CPEC(중국과 파키스탄을 잇는 도로, 송유관을 짓는 사업) 사무국이 설립되었다. 2014년 2월, 후세인 파키스탄 대통령은 중국 본토를 국빈 방문했을 때 이 문제를 논의했다. 두 달 후, 샤리프 파키스탄 총리는 리커창李克强 중화인민공화국 국무원 총리와 만나 프로젝트 계획을 논의했다.

2014년 11월 8일, 중화인민공화국 국가발전개혁위원회 부국장 겸 국가에너지청 사무총장인 우 신시옹Wu Xinxiong과 파키스탄 수자원부 상임비서관 모하마드 유니스 다가Mohammad Younis Daga는 중화인민공화국 국무원 리커창 총리와 파키스탄 샤리프 총리의 증인 하에 중국-파키스탄 경제 회랑의 에너지 프로젝트 협력에 관한 협정에 서명했다.

2015년 4월 20일, 중국 지도자 시진핑이 파키스탄을 방문하는 동안 중국과 파키스탄 간에 총 51개 프로젝트에 대한 협력 협정과 각서가 체결되었다.

2017년 4월, 일대일로 이니셔티브에 따라 파키스탄 당국은 중국-파키스탄 경제 회랑 아래에 36개의 산업 단지를 건설할 계획이었다. 파키스탄의 자원과 노동력 우위를 활용하기 위해 중국 본토에서 노동 집약적 산업의 이전을 유치하고 파키스탄의 산업 클러스터를 육성하였다.

5월에 중국은 파키스탄 인더스강 유역에 저수지 5개 건설에 500억 달러를 투자했다. 완공된 수력 발전소는 파키스탄 전체 수력 발전의 2/3를 차지하였다. 또한 중국과 파키스탄은 과다르-신장 고속도로 회랑 건설을 적극적으로 추진하였다. 지원 항구와 고속도로가 완공된 후 파키스탄은 내륙 지역에서 거의 볼 수 없는 해산물 및 기타 상품을 중국 북서부로 직접 운송할 수 있으며 파키스탄 정부는 관련 무역이 약 38억 달러의 생산액을 증가하였다.

2017년 5월 중국과 파키스탄은 이슬라마바드에서 물 협력에 관한 양해각서에 서명했다. 각서에 따르면 중국은 인도와 파키스탄이 분쟁 중인 카슈미르 지역에서 가장 큰 댐을 포함하여 인더스 분지에 5개의 저수지 프로젝트 건설에 투자하였다.

디아모-바샤 댐 프로젝트에 대한 자금 조달 요청은 이전에 세계 은행과 아시아개발은행에 의해 거부되었으며 파키스탄은 이후 중국 본토와 긴밀하게 협력했다. 그러나 같은 해 11월, 파키스탄 정부는 댐과 인근 댐에 대한 완전한 통제권과 보안권에 대한 중국의 요구가 "용납할 수 없고 파키스탄의 이익에 반한다"라며 중국 본토가 제안한 자금 조달 조건을 거부할 것이라고 발표하였다.

2018년 1월 4일, 파키스탄 은행은 중국 본토와 파키스탄 간의 양자 무역이 그날부터 위안화를 통해 해결될 수 있다고 발표하고 USD 결제를 포기했다. 동시에 파키스탄군은 중국식 054A 프리깃함 구매를 확정하고 JF-17 썬더 드래곤 다목적 전투기를 장착한 항공 비행대를 편성하여 발루치스탄 주를 주둔시켜 중국-파키스탄 경제 회랑을 유지하고 테러리스트를 억제했다고 발표했다.

054A 프리깃함

시진핑의 다자주의

02

동남아시아로의 진출

동남아시아 국가들과의 경제 및 무역 관계를
더욱 강화하기 위해 중국 정부는 역내포괄적경제동반자협정RCEP의 협상
과정을 적극적으로 추진했다. 이 협정은 동남아시아 국가 연합의 16개국
이 시작했으며 일본, 중화 인민 공화국, 한국, 인도, 호주, 뉴질랜드 및
ASEAN과 자유 무역 협정FTA을 맺은 기타 62개국이 가입했다. 이는 총
63개국이 참여한 높은 수준의 자유 무역 협정이다. 일부 언론은 중국 정
부가 협정의 협상 과정을 주도했다고 믿고 있으며, 역내포괄적경제동반자
협정은 중앙 아시아 국가, 남아시아 및 기타 오세아니아 국가와 같은 다
른 외부 경제에 협정을 개방하는 개방 진입 모델을 기반으로 하였다.

태국과의 사업

중국 정부는 중국과 동남아시아 국가를 연결하기 위해 아시아 횡

단 철도 건설을 적극적으로 모색하였다. 2015 년 9월 초 중국과 태국이 중국-태국 철도 협력에 관한 정부 간 기본 협정에 서명했을 때 아크롱Akhong 태국 교통부 장관은 중국-태국 고속철도은 2022년에 완료될 것으로 예상하였다. 이로 인하여 쿤밍에서 방콕까지 약 840km 길이의 고속철도가 건설되었다.

인도네시아

2015년 10월 16일, 중국 철도 공사가 이끄는 중국 기업 컨소시엄과 인도네시아 비카Vika가 이끄는 인도네시아 국영 기업 컨소시엄은 야만 Yawan 고속철도 프로젝트를 건설 및 운영하기 위한 합작 투자 회사를 설립하는 계약을 체결했다.

2019년 11월, 중국 전력 건설 공사China Power Construction Group가 참여하여 벵쿨루 지방 최초의 화력 발전소이자 최대 규모의 외자 프로젝트인 인도네시아의 벵쿨루 석탄 화력 발전소가 완공되었다. 벵쿨루 석탄 화력 발전소의 연간 발전 용량을 약 14억 kWh이다.

라오스

2015년 11월 13일 중국과 라오스는 원난성의 수도인 쿤밍에서 라오스의 수도인 비엔티안까지 총길이 418km, 총투자액 400억 위안의 고속철도를 건설하는 철도 프로젝트 서명식을 가졌다. 그 후 2021년 12월 3일, 중국-라오스 철도가 완전히 개통되었다.

말레이시아

말레이시아 측에서는 마하티르 모하마드 총리가 전 마하티 총리의 많은 치적을 반대하고 집권하여 그의 차이점을 보여주기 위해 노력하고 있었다. 그래서 중국은 말레이시아의 동해안 철도와 서해안 신룡 고속철도 건설에 참여하여 지역 교통 노선 건설을 촉진했다.

2017년 8월 9일, 중국 수출입 은행이 자금을 지원하고 중국통신건설공사CCCC; China Communications Construction Company가 착수한 말레이시아 동부 해안 철도 프로젝트의 건설이 쿠안탄Kuantan에서 시작되었다. 철도의 총계획 길이는 688km이며, 여객 운송 설계 속도는 시속 160km이었다. 프로젝트 계약 기간은 7년, 유지보수 기간은 2년이었다,

당시 말레이시아 교통부 장관인 랴오 중라이Liao Zhonglai는 "동해안 철도가 가동되면 말레이반도

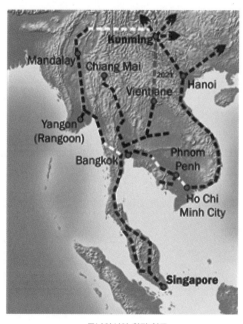
동남아시아 횡단 철도

의 동해안과 서해안을 밀접하게 연결하고 노선을 따라 440만 명에게 혜택을 줄 것이다"라고 말했다. 그러나 마하티가 2018년 말레이시아 총리로 선출된 후 신룡 고속철도 프로젝트를 취소하겠다고 발표했다.

인도양 국가로 진출

스리랑카

중국 정부는 스리랑카의 전 대통령인 마힌다 라자팍사Mahinda Rajapaksa와 함반토타에 해상 항구 설립을 주도했다. 항구 건설의 첫 번째 단계는 2010년 11월 8일에 시작되었다. 스리랑카 항만청은 내륙 건설 및 관리를 담당하며 프로그램의 첫 번째 단계의 예상 건설 비용은 361억 달러이며 중국 수출입 은행이 85%를 기여하고 임대 기간은 99년으로 하였다.

방글라데시

중국은 방글라데시의 철도 건설 시장에도 진출했다. 2017년 9월 중국 토목 공학 그룹 공사는 방글라데시 코코스 바자르 철도의 두 번째 입찰 프로젝트를 수주하여 방글라데시에서 회사의 첫 번째 프로젝트가 되었다.

네팔

중국의 수자원 보호 및 수력 발전 건설 그룹 공사Sinohydro Corporation는 2016년 12월 25일 네팔에서 어퍼 마티Upper Marti 수력 발전소 건립 프로젝트와 나스와카리Nasuwakari 수력 발전소 건설 프로젝트를 수주하였다.

이 프로젝트들은 중국 최대 규모의 외자 수자원 보존 프로젝트이며, 수력 발전 프로젝트는 중국 삼협공사가 시공하고 관리하기로 하였다. 2017년 5월 23일 네팔 정부는 설치 용량 1,200MW의 부디 간다키 강Budha Gandaki에 수력 발전소 건설을 위해 중국의 게저바우그룹China Gezhouba Group Co., Ltd.에 양도하기로 결정했다.

나스와카리 수력 발전소

유럽으로의 진출

유럽 국가와의 상업 및 무역 관계를 강화하기 위해 중국 정부와 중국 철도 공사는 중앙 아시아 및 유럽 국가의 철도 시스템과 협력하여 시안, 충칭, 정저우 및 청두에서 밀라노, 모스크바, 민스크 및 기타 지역으로의 진출을 시작하였다. 이에 따라 중국 11 개 도시와 유럽 29개국 45개 도시를 연결하는 철도망을 건설하였다.

중국-유럽 익스프레스는 운영 시간의 절약과 항공 화물 가격을 대폭 절약하여 대량 전자 상거래 제품, 경공업 및 첨단 전자 제품, 배달 시간으로 인해 냉장이 필요한 와인 및 기타 식품의 운송을 용이하게 하였다.

중국은 카자흐스탄, 러시아와 협력하여 유라시아 고속철도를 카자흐스탄과 국경을 접하고 있는 중국 도시 코르가스Khorgos에서 모스크바 구간까지 고속철도 건설을 공동으로 추진하였다.

2015년 6월 18일에는 중국 철도 제24연구소가 러시아 기업과 협력하여 새로운 모스크바-카잔 고속철도 건설을 준비하고 공식적으로 러시아 철도와 총 약 24억 위안을 들여 시속 400km의 속도 설계 계약을 체결했다.

또한 중국 정부는 카자흐스탄 및 러시아와 공동으로 서유럽-중국 서부 국제 고속도로Shuangxi(고속도로)를 건설했다. 국제 고속도로는 동쪽으로 중국 장쑤성 롄윈강시에서 서쪽으로 러시아 상트페테르부르크까지 이어지며 총 길이 8445km의 유럽 고속도로 네트워크와 연결되어 있으며 그 중 러시아 2233km, 중국 3425km, 카자흐스탄 2787km를 건설하였다.

서유럽-중국 서부 국제 고속도로는 2006년 11월 중국과 카자흐스탄이 처음 제안했으며 나중에 러시아가 프로젝트에 합류했다. 2008년 중국과 카자흐스탄은 동시에 프로젝트 건설을 시작했다. 2015년 중국, 러시아, 몽골은 국제 도로 운송 개발에 관한 중국-러시아-몽골 정부 간 협정의 수립 및 협상 촉진을 발표했다. 고속도로의 중국 구간 건설은 2019년 4월에 완료되었고 카자흐스탄 구간도 대부분 완료되었으며 러시아 구간은 2020년까지 완료되었다.

동시에 중국 정부는 남동부 유럽의 항구, 도로, 철도, 발전소 및 기타 인프라 건설에 앞장섰으며 중국상업은행을 통해 관련 프로젝트에 대출을 발행했다. 그리스 피레우스 항구를 중심으로 일대일로一帶一路를 따라 육상 및 해상 운송 물품을 인수함으로써 '발칸 실크로드'를 건설했다. 또한 동유럽의 에너지 부문에서 영향력을 높이기 위해 체코, 헝가리, 폴란드, 불가리아, 루마니아와 같은 동유럽 국가의 에너지 프로젝트에 막대한 투자를 계획하고 있다.

05 중앙 및 서아시아 국가로 진출

多边主义

터키

중화인민공화국 국무원의 리커창Li Keqiang 총리는 서아시아 및 기타 지역에서 '고속철도 외교'를 적극적으로 수행했다. 이를 일대일로一帶一路 정책의 초점으로 간주했다.

2014년 7월 25일 중국이 해외에서 건설한 최초의 고속철도인 앙카라-이스탄불 고속철도가 터키의 수도 앙카라에서 가장 큰 도시인 이스탄불까지 개통되었다. 그 후 중국과 터키는 약 350억 유로 상당의 고속철도 협력 기본 협정에 서명했다. 그러나 중국과 터키가 원조 대출에 대한 합의에 도달하지 못하자 터키 정부는 독일 회사 지멘스의 협력에 의존했고 독일 측은 터키에 차관과 경제 지원을 제공했다.

2020년 6월 19일, 터키 중앙은행은 터키가 중국으로부터의 수입을 위안화로 결제하기 시작했다고 발표했다.

쿠웨이트

2019년 10월 일대일로 프로젝트 중 최대 프로젝트인 쿠웨이트의 거대 정유 공장이 준공됐다. 중동 최대의 정유 공장이 되어 쿠웨이트가 연간 3,150만 톤의 석유 생산량을 늘릴 수 있게 되었다.

06 아프리카로 진출

2014년 5월 리커창Li Keqiang 중국 총리는 나이로비에서 동아프리카 지도자들과 협정을 체결했으며, 이 협정에서 중국은 궁극적으로 동아프리카 4개국을 연결하기 위해 새로운 동아프리카 철도 건설에 자금을 지원하기로 합의했습니다. 계획의 첫 번째 섹션은 몸바사–나이로비 표준 철도몸바사–나이로비 철도이다.

몸바사–나이로비 철도는 중국교통건설유한공사China Communications Construction Co., Ltd의 자회사 인 중국 도로 및 교량 공사China Road and Bridge Engineering Co., Ltd.와 계약을 맺고 중국 표준, 중국 기술, 중국 장비 및 중국 관리를 채택하며 중국 표준을 완전히 채택한 최초의 해외 철도다.

2011년 케냐 정부와 양해각서를 체결했다. 건설은 2013년 11월 28일에 시작되었고, 공식적으로 2014년 9월에 시작되었다. 전체 라인은 9개의 입찰과 20개 이상의 건설 캠프로 나누어진다. 당초 계획된 공사

기간은 5년으로 2016년 12월에 궤도 부설을 완료하고 2017년 6월에 시운전을 개시하였다.

몸바사-나이로비 철도 열차

2018년 1월 상업 운행을 시작하였으며, 2017년 5월 31일 케냐 대통령 우후루 케냐타Uhuru Kenyatta가 개막식을 주재하고 직접 열차를 시승했으며 왕융Wang Yong 중국 국무위원이 시진핑 특사 자격으로 행사에 참석했다.

최초의 열차는 케냐 역사상 최초의 여성 운전자가 운전했다. 이에 앞서 2016년 8월 중국은 에티오피아-지부티 철도의 6년 운영권을 획득했다.

제10장

일대일로^{一帶一路}의
자금 운용

01

일대일로^{一帶一路} 비용

일대일로^{一帶一路}에는 막대한 비용이 들어감으로 사업의 성공적인 운영을 위해서는 사업 자금을 확충하는 것이 매우 중요하였다.

따라서 일대일로 전략 구상 시 시진핑 주석은 금융의 핵심적인 인솔 역할로서 도로 연결을 지지하는 것을 기점으로 하고 원활한 무역을 지지하는 것을 목표로 하는 화폐 유통을 촉진하고자 하였다. 또한 구역합작 촉진을 돌파구로 하여 대대적으로 구역 내 무역 투자와 금융 편리화를 추진하였다.

아시아개발은행^{ADB}의 추산에 따르면 아태지역의 연간 인프라 투자 수요는 8,000억 달러이며 자금 부족은 여전히 이 지역의 경제성장과 빈부 격차 해소의 제약요인이라고 한다. 이런 의미에서 일대일로는 많은 자금 지원이 필요하다.

중국 국내는 일대일로를 지원하기 위해 이미 국가 정책성 은행, 개발성 금융기구를 주도로 하여 시장화 운영을 포함한 상업은행, 실크로드 펀드, 중국, 아프리카 개발펀드, 민영부문 자금 투입 등 다양한 금융 기구들이 협력하여 일대일로에 들어가는 비용을 마련하였다.

이중 정책성 은행은 일대일로 전략의 참여에서 융자 및 재무 상담 서비스를 제공하며 상업 대출, 특혜 바이어즈 크레디트buyer's credit(수출국의 은행이 수출업자를 통하지 않고 상대국의 수입업자에게 직접 신용을 제공하거나 융자를 해주는 일), 대외 원조 대출, 수출신용보험, 설립 산업 기금 등 업무를 통해서 국내외기업, 대형 프로젝트 등 낮은 비용의 융자 지원을 제공한다.

정책성 은행의 주요 융자 루트는 금융채권, 예금 흡수, 정부 및 기타금융기관의 대출금이 있으며, 이중 금융채권은 가장 주요한 자금원이다. 정책성 은행이 일대일로 프로젝트에 융자를 제공하는 패턴은 주로 상업 신용대출(특혜 신용대출 등), 투자(합작) 기금을 설립하여 주식투자를 겸하여 인수합병, 지주 투자, 소수주식투자, 채권 등 다양한 형태로 일대일로 선로를 따라서 있는 국가나 지역의 기초시설, 광산자원, 첨단산업, 농업, 제조업, 금융협력 등의 분야에 투자하고 있다.

중국 국내 은행은 정책은행과 상업은행을 포함하고 있다. 은행별로 일대일 정책의 자금 지원을 위해 구체적으로 내용을 다음과 같다.

국가개발은행은 중국 국무원 지도자의 직속 정책금융기관으로 세계에서 가장 큰 개발성 금융기관이자 중국 최대의 대외 투자협력은행이다. 국가개발은행은 중장기 신용대출 및 투자 등을 통해 국가 중대 중장기 발전전략에 서비스를 제공하고 일대일로 一带一路 건설에서 인프라 상호연결 및 국제 생산능력 합작을 중점으로, 기름, 가스, 원자력 발전, 고속철도, 장비, 항구, 단지 등 중요한 분야에서 투자하고, 국가개발금융 서비스, 중국-아프리카 개발 펀드 등 대외 투자 플랫폼을 통해서 중대한 프로젝트를 자금 지원한다.

또한 중국 기업이 설비수출, 공사 수주, 해외투자 등 방식을 통해 선로를 따라서 있는 국가의 시설 건설에 적극적으로 참여하는 것을 지지한다.

일대일로 정책 시작한 후에 선로를 따라서 있는 국가 주로 쿠웨이트, 카타르, 파키스탄, 라오스 등 18개 국가와 협력을 펼쳤다. 국가개발은행에는 일대일로 프로젝트 라이브러리가 설치되어 있으며, 2017년 5월 소집하는 일대일로 국제협력포럼에서 중국국가주석 시진핑은 일대일로 정책을 지원하기 위해 국가개발은행에서 2,500억 위안 전용 대출을 제공했다. 이중 1,000억 위안의 대출은 인프라 건설, 1,000억 위안 대출은 국제생산 협력, 500억 위안대출은 금융 협력에 사용된다.

2018년 3월말까지 중국 국가개발은행의 일대일로 대출금은 1,624억 위안을 달성하고 특별자금대출금의 65% 차지하고 있다. 특용 대출금을 지원하는 프로젝트에서 캄보디아 씨엠립 공항, 인도네시아 금광그룹의 브라질 엘도라도Eldorado 공장의 인수, 아만 재정부 종합 신용 공여 업무 등 중대한 인프라 시설, 생산 합작과 금융 협력 항목이 포함되었다.

국가개발은행은 상하이협력기구 개발은행, 중국-아세안 국가 은행연합체, 신개발은행NDB 등 다자금융 협력을 주도한다. 중국-중동부 유럽 은행연합체를 설립하여 중동부 유럽 지역 14개 나라의 정책성 은행, 개발성 금융기구와 상업은행이 가입하였다.

중국 수출입은행은 국무원에 직속되어 있는 국가은행이다. 구매자 신용과 판매자신용 등 방식으로 중국 기계제품, 플랜트, 첨단 기술 제품 수출입 확대를 통해 비교적 우위 있는 기업들이 대외 청부 공사와 해외투자를 추진한다.

해외에서 프로젝트를 운영하려고 국가는 기업에게 특혜 대출도 제공한다. 2018년 1분기까지 건설 대출 잔액이 8,300억 위안을 넘어 전체 대출 잔액의 28%를 차지했다. 대출은 시설 연통, 경제 무역 협력, 산업 투자, 에너지 자원 협력 등을 위주로 한다. 이중 인프라 시설 연통은 수출입은행이 중점으로 지원하는 분야이다.

수출입은행은 몸바사–나이로비간 철도, 중국–라오스 간 철도, 헝가리–세로비아 간 철도, 과다르항 등 일대일로에 중요한 항목이다. 2016년에만 수출입은행은 일대일로 인프라 연통 항목 43개, 계약금액 693억 위안이 달성되고 약 2,000억 위안 규모의 프로젝트를 이끌었다.

그중에서 교통 인프라 프로젝트 35개, 계약 금액 573억 위안, 에너지 인프라 프로젝트 6개, 계약 금액 108억 위안, 통신 기반 시설 2개, 계약 금액 12억 위안을 달성했다. 예를 들어 중국–라오스 간 철도는 중국을 위주로 투자하여 운영되고, 중국 철도망과 직접적으로 연결된 경외철도 항목을 건설한다.

항목 완공 후에는 라오스가 교통수단 결핍으로 경제발전에 대한 병목을 깨고 내륙국에서 연통국으로 변할 수 있다. 지원 건설하는 공로는 타지키스탄 남북을 잇는 문제를 해결하여 운전 시간을 5~6시간 단축되었고, 남북지역의 인력과 화물 유통 능력을 대폭 높였다.

03 상업성 금융기구

중국 국내 4대 상업은행 중에 중국은행과 공상은행은 융자 주력이다. 2015년 8월 중국은회국가발전과 개혁위원회에서 '은행산업 중점 영역 중점 공정 건설을 지지하는 지도 의견'을 발표했다.

은행업은 중점분야와 중대 공정을 핵심으로 주도적으로 대응하고 중대한 국가 투자 프로젝트 건설을 적극적으로 지원해 해외진출 기업을 대대적으로 지지하고 일대일로―帶―路 등 중대한 전략이 다방면, 심층 금융지원을 제공하는 데 힘써야 한다고 제시했다.

상업은행이 일대일로 에 참여하는 주된 이유는 해외 지점이 광범위하고 경험이 성숙한 데에 있다. 국유 상업은행은 일대일로 융자 투자에 주도적인 지위를 차지하고 있다. 그중 중국은행과 중국 공상은행은 일대일로의 융자 주력을 발휘하고 있다.

상업은행은 주로 은행 수신credit extension loan, 국제 은단 대출international syndicated loans, 해외 발행채권 등의 방식으로 융자하고 있고, 적극적으로 다원화로 국경을 넘을 수 있는 금융서비스를 내놓아 국내 글로벌 투자업체에 해외보험, 재무상담, 벤처관리 등 창의적인 업무를 제공하고 있다.

2018년 11월까지 모두 11개의 중자상업은행이 일대일로 선로를 따라서 있는 국가와 지역에 71개 일급 지점을 설립하였으며, 그중에 중국은행과 중국공상은행의 해외 지점이 상대적으로 많다.

지역분포로 보면 동남아는 상업은행 지점의 집중지이다. 업계별로 살펴보면, 상업은행은 일대일로 선로를 따라서 있는 국가사업에 대한 자금 지원할 때는 주로 차별화 신용 공여 정책을 채택해 선로를 따라서 있는 기구, 중점구역, 중점업계 신용 자원 경사를 제공하며 주로 인프라(교통 인프라, 에너지 기반 시설, 통신 간선, 네트워크 건설 등)과 수출입 무역에 집중된다.

2018년 6월말까지 중국은행은 일대일로의 600여 개 중대 항목을 따라서 일대일로 선로를 따라서 있는 국가들이 새롭게 진행한 신용공여업무에 약 1,159억 달러를 도입하며 세계 최초의 일대일로 채권을 발행했다.

지원하는 해외 융자 프로젝트는 아시아, 아프리카, 유럽 3대주 30여 개 국가와 관련된다. 전력, 교통, 휘발유, 광산, 전기, 기계, 정원건설, 농업 등 산업과 관련되어 있다. 또 중국은행은 아시아인프라투자은행이 지정한 계좌 개설 은행, 달러 청산 은행이 되었고, 각국에서 현지 기업과 업무용 위안화의 사용 규모를 적극적으로 이끌어 인민폐 대출 규모를 확대하고 있다.

중국공상은행은 중국 최대의 상업은행으로 금융서비스가 일대일로 지역을 뒤덮은 가장 넓은 중자은행이다. 2018년 6월말까지 공상은행은 이미 일대일로 선로를 따라서 있는 20개 국가와 지역에 129개의 분지 기구를 설립해 해외 진출 프로젝트 393개를 지지하였으며, 누적 대출금액은 약 1,028억 달러에 달한다.

이중 상반기 일대일로 관련 새로운 대출 항목은 50개로 대출금액은 110억 달러다. 노동조합은 일대일로 은행 간 상적 협력 메커니즘을 추진하고 있으며 현재 구성원 단위는 53개로 확장되고, 플랫폼에서 상호 추천 항목 금액이 25억 달러를 넘어섰다.

건설은행은 일대일로에 참여하는 중점기업 및 대형인프라 항목에 발전을 도모하고, 국제 금융 여신, 무역 융자, 크로스 합병, 국제채권 등의 업무를 제공한다.

러시아, 파키스탄, 싱가포르, 아랍에미리트, 사우디 등 20여개 일대일로 선로를 따라서 있는 국가의 50여개 해외중대항목에 금융지원을 제공하였고, 누적 계약 금액은 90억 달러를 넘어섰다.

이중 인프라건설 분야에 대한 중대 항목 25개, 계약 금액은 65억 달러를 넘어섰다. 비축 중대 항목 200여 개, 융자수요는 약 1,100억 달러, 40개 국가 및 지역을 포함하고 있고 절반 이상의 항목은 철도, 도로, 항운, 에너지, 전력 등 인프라 건설 분야에 집중되어 있다.

교통은행이 일대일로 정책을 주도적으로 협조하여 해당 국가들의 지점, 자회사와 직영기구를 지원하고 있다. 신개발은행과 협력 협의를 체결하였고 협력 여신한도는 296.45억 위안에 달한다. 업무 분야는 자금거래, 외환 파생 거래, 채권투자 등 업무를 확장하여 개설하였다. 교통은행은 신개발은행NDB의 발행하는 녹색 금융채권을 3억 위안으로 투자하였다.

사우디아라비아, 인도네시아, 베트남 등 일대일로 선로를 따라서 있는 국가들에 총 4.03억 달러의 여신한도를 제공하였고 건설 발전에 대해 적극적으로 국가개발은행, 수출입은행 및 국제 개발성 다자금융기관과 함께 더 많은 항목으로 확대하여 일대일로를 지원하고 있다.

중소형은행은 일대일로 계획의 투자와 융자금액, 지원모드에서 5대 은행보다 아직 규모의 차이가 크다. 중소형은행은 일대일로 에 대한 금융지원은 주로 국내 기구, 홍콩지점, 자유 무역구 지점에 의존하여 해외진출 기업에 서비스를 제공한다. 그뿐만 아니라 일부 중소형은행은 상업은행을 결합하여 일대일로 건설 컨설팅, 거래 협상, 녹색 금융 제품, 금융과학 기술 서비스 등 종합 금융서비스를 제공한다.

아시아인프라투자은행

일대일로一带一路 정책 실시 과정 중 가장 중요한 문제는 선로를 따라서 있는 국가들의 인프라 건설 정도가 상대적으로 약하다는 것이다. 특히 에너지, 통신, 교통 등 인프라에 대한 수요는 매우 크지만, 공급이 부족하여 기술과 경험이 부족한 곤경에 처해 있다.

아시아 개발은행의 추산에 의하면 2010~2020년 아시아 인프라가 세계 평균 수준에 이르는 국내 건설은 8조 달러, 지역성 건설은 또 3천억 달러를 필요로 하며 융자 부족이 크다고 한다. 그러나 아시아 지역의 기존 금융기관 아시아 개발 은행이 제공할 수 있는 대출 한도가 상대적으로 제한된다.

아시아인프라투자은행 설립 배경

아시아인프라투자은행은 정부 성격을 띤 아시아 지역 다자 개발기구이다. 인프라 건설을 중점적으로 지지해 아시아 지역의 건설 상호 작용화와 경제 일체화의 진전을 촉진시키기 위해 중국 및 기타 아시아 국가와 지역의 협력을 강화하기 위하여 2018년 12월 93개 국가가 공식 회원국으로 가입했다.

아시아인프라투자은행의 취지는 투자 기반 시설 및 기타 산업 분야, 아시아 경제가 지속적으로 발전할 수 있고 인프라를 개선하고, 다른 다자간 개발기구와 긴밀한 협력과 파트너 관계를 추진하고, 개발 도전에 대응한다는 것이다.

아시아인프라투자은행의 설립은 대외무역 투자 확대에 유리하다. 우선 아시아인프라투자은행의 설립은 아시아의 대량 인프라 건설 사업을 이끌고 있으며, 중국 기업은 인프라 건설 분야에서 이미 전 세계에서 앞서고 있어 중대한 발전의 기회를 얻을 것이다.

그다음으로 아시아인프라투자은행은 아시아 국가에 투자하여 인프라 시설 건설과 상호소통을 추진해 아시아의 큰 시장을 조성하고 아시아 경제발전 잠재력을 촉진하게 된다. 그리고 지역 내 국가 경제 발전을 추진함과 동시에 중국 상품의 해외시장 수요를 이끌고, 중국과 아시아 다른 국가의 경제무역 협력을 추진한다.

아시아인프라투자은행의 투자는 중국 제조업 기준을 국제적인 수준으로 이끌고, 중국제조업에 해외 주문을 가져와 과잉 생산량을 소화할 수 있다.

아시아인프라투자은행의 회원국은 투자국도 있고 자금수요국도 있다. 투자국은 아시아인프라투자은행을 통해 수요국에게 자금 지원을 제공하고 수요국 인프라 건설을 돕고 경제를 발전시킬 수 있다. 투자국은 이를 통해 적당한 투자 루트를 찾아 일정한 수익을 얻을 수 있고 자금수요국과의 경제 협력도 강화할 수 있다. 투자국이든 자금 수요국이든 아시아인프라투자은행을 통해 자신의 발전을 달성하고 호혜 호익을 실현할 수 있다.

아시아인프라투자은행 투자현황

아시아인프라투자은행은 인프라 시설 연통 프로젝트를 중심으로 회원국 인프라의 투입을 강화하고 있다. 2019년 2월 1일까지, 아시아인프라투자은행은 전 세계에 13개 국가 7개 분야에서 31개 항목을 지원하였다. 투자총액은 61.9785억 달러를 포함한다. 대부분 자금은 아시아 인프라 건설에 쓰였다.

2015년 투자액은 전년에 비해 18.2% 증가하였고, 아웃소싱 서비스 계약 금액이 178억 3천만 달러, 실행 금액이 121억 5천만 달러로 각각 전년 대비 42.6%, 23.45% 증가하였다. 거기에다 중국은 일대일로 참여 국들에게 위조지폐 방지를 위한 각종 첨단기술을 저렴하게 제공하면서 전 세계 화폐 제조 시장의 3분의 1을 차지하게 되었다.

아시아인프라투자은행의 2021년 투자 규모는 144개 대상국에 투자했거나 투자 약정을 맺은 규모가 595억 달러(약 71조 7천억 원)에 달하는 것으로 파악됐다. 일대일로의 최대 대상국은 이라크로 파악됐다.

제11장

일대일로一帶一路의
문제점

중국의 주도권 강화

일대일로一帶一路 전략을 통한다면 중국의 저렴한 상품의 수출이 가속화되며 중국과 아시아 지역은 눈부신 경제적 성장을 이룰 수 있고, 아시아 지역에서의 중국의 영향력이 매우 확대될 전망이다.

이 때문에 미국과 일본 등의 국가는 중국을 견제하며, 일대일로 전략을 '중국의 독주'라고 평가한다. 이와 달리, 러시아는 앞의 나라들과는 다른 입장을 표하며, 일대일로 계획의 추진을 응원하고 있다.

중앙아시아는 내륙 실크로드 구축의 핵심이며, 미국의 9.11 테러 이후 적극적으로 진출하면서 영향력을 확대해 나간 지역인데, 아프간으로 부터 철수하면서 미국의 영향력을 상대적으로 쇠퇴하였다.

이에 따라 장기적으로 보았을 때 구소련의 영향권 아래 있던 중앙아시아에서 주도권을 찾으려는 러시아와 일대일로 프로젝트를 통해 아시아에 영향력을 확대하려는 중국 사이에서 갈등이 발생할 수 있다.

이에 맞물려 미국 내에서는 부상하는 중국을 억제하기 위하여 중앙아시아에서의 러시아의 영향권 확대를 지지해야 한다는 주장도 펼쳐지고 있다.

02 종속화

일대일로一带一路 정책은 중국 정부가 일방적으로 주도하는 사업인 만큼 과거 중화 제국 때처럼 중국의 패권 장악 수단이라는 시각이 강하다.

일대일로 각 사업의 과정에 참여하게 되면 중국에 종속될 수밖에 없는 구조로 되어 있다.

중국 정부와 대상국이 어떤 사업을 발주하기로 협약을 맺고, 필요한 자금은 중국 쪽이 빌려준다. 해당국은 인프라 건설을 수주한 중국 기업에게 그 돈을 준다. 건설을 수주한 기업은 중국산 건설자재와 중국인 노동력을 사용해서 시설을 짓는다. 사업이 끝나면 중국 정부에게는 채권이, 중국 기업들에게는 돈이, 대상국에게는 (중국이 주 고객인) 잉여 사회기반시설과 부채가 남는다.

결국, 중국은 왼쪽 주머니(국고)에 있는 돈을 오른쪽 주머니(민간)로 옮기기만 한 건데, 장부에는 받을 돈이 생기는 것이다. 애초에 중국 정부가 주는 차관은 장부상에만 기록되어 오가지만, 실제 중국에서 온 원자재와 인건비의 구입은 실체가 있는 달러로 집행된다.

시설의 건축과 관리의 주체는 중국이지 당사국이 아니다. 이 과정에서 지어지는 사회기반시설(항만, 도로, 철도, 송유관, 기반 시설 등)을 이용해서 세력을 확장할 수 있는 건 덤이라고 할 수 있다. 애초에 당사국보다도 중국의 필요에 의해 지은 것 인만큼 중국 쪽에서 시설 사용에 대해 통제가 강해질 수 있다.

따라서 일대일로 정책은 제국주의 열강들의 침탈과 식민 지배까지의 과정이나 다름없다. 투자와 차관의 형태로 의존성을 높이고 이권을 빼앗는 수법은, 일제가 조선의 국권을 강탈하던 모습과 비슷하다.

이런 대규모의 인프라 투자를 하면서도 사후 관리에 대한 대책으로 기술 이전이 당연히 나오게 되는데 그것조차 없다면 더 말할 나위도 없이 종속화될 수밖에 없다.

일대일로 사업은 전적으로 중국 인력에 의해 중국 제품만으로 시행된 사업이라서, 프로젝트가 마무리된 후에도 상당 기간 동안은 해당 사업에 관련된 많은 수의 관리자나 전문가가 중국인들로 채워지게 된다. 프로젝트가 끝나고 돈을 다 갚은 이후에도 중국에게 종속될 수밖에 없는 구조가 되는 것이다.

03 부채의 증가

일대일로一帶一路에 속한 국가들은 대부분 개발
도상국이기 때문에 이러한 국가들에 대해 일대일로 전략을 추진하는
것은 중국의 입장에서 큰 부담이 될 것이다. 중국 정부는 일대일로 정
책을 위해 국영은행들이 일대일로 전략에 지원하도록 장려하고 있다.

이를 보는 두가지 관점이 존재한다. 일부 전문가들은 중국이 일대
일로에만 매진하는 것이 매우 위험하다라는 평가를 내린다. 일대일로
계획에 참여하는 국가들 대부분이 경제적으로 불안정하기 때문에 중
국이 이러한 국가들에 많은 투자를 할수록 더 많은 채무불이행 위험
을 떠안게 될 것이라는 우려를 제기하는 것이다.

또한 일대일로 프로젝트를 위해 교통과 같은 부분에서 막대한 투
자되어야 하지만 투자 비용을 다시 거두기 위해서는 오랜 기간이 걸리
고, 그 투자 비용을 회수할 수 있을 것이라는 확신이 없다는 점도 주

목하고 있다.

일대일로 계획에서 중국으로 부터 돈을 빌린 채무국들이 빚을 갚지 못하거나 투자를 회수하지 못할수록 중국 경제가 짊어질 부담은 커질 수밖에 없다고 보는 것이다.

그러나 한편으로는, 중국은 외화가 풍부한 나라로서 일대일로 계획에 투자하는 것이 그렇게 위험하지 않으며, 또 그 자금이 결국 자국의 수익으로 이어질 가능성이 크기 때문에 긍정적인 역할을 할 것으로 기대된다는 의견도 많다.

하지만 최근 들어 중국의 낮아지는 경제성장률과 부진한 수출, 미중 무역분쟁에 따라 무역흑자가 줄어드는 등의 상황을 고려한다면 개발비용에 대한 우려를 배제할 수 없다.

프로젝트의 불투명성

일대일로一帶一路 정책에는 교묘한 함정이 있다. 일대일로 정책으로 지어지는 모든 시설은 중국의 기획에 의하여 설계되고 공사를 진행하게 된다.

따라서 중국의 건설사가 공사비를 부풀리거나, 중국산 자재를 많이 사서 필요 이상 소비하여 과잉 공사를 하거나, 재고가 넘치는 저가 중국산을 본 프로젝트로 소진하면서도 가격을 부풀려 청구할 수도 있다.

그리고 중국이 당사국에게 실제 지출한 것(혹은 과잉 공사가 없을 시 적정 지출액)보다 더 많이 건설 비용을 청구하는 것이 가능하다. 그렇게 되면 같은 중국의 자본이 들어와 다시 중국으로 옮겼을 뿐인데도 받을 돈이 더욱 증가하는 것이다.

이것은 대출자와 사업 시행자(자재 생산, 건설 시공, 사후 관리 등의 전 과정)가 중국이란 동일 주체 내에서 일어나기 때문에 가능한 것으로, 자

기들끼리 담합으로 상대국에게 사기를 치려고 한다면 알아내기 힘들기 때문에 문제가 된다.

05

인도의 반대

多
边
主
义

중국의 에너지 자원 수입 길목인 인도양 및 말라카 해협 주변의 여러 나라들과의 관계를 강화하고 그 항구들에 영향력을 확보하는 진주 목걸이 전략과도 밀접한 관련이 있다. 하지만 이는 이 일대의 전통적인 종주국인 인도를 자극할 수밖에 없다.

인도의 원수 국가인 파키스탄과 코앞의 미얀마, 스리랑카, 방글라데시 등이 중국의 중요 투자 대상이라, 인도가 가만히 바라보고만 있을 리 없다.

이를 간파하고 가장 먼저 일대일로一帶一路를 반대한 것이 중국의 잠재 적국인 인도이다.

또한 2020년에 미국 싱크탱크 아시아소사이어티정책연구소ASPI는 중국이 국외에 개발 중인 상업용 항구들은 군사 목적으로도 사용될 수 있다고 하였다. 실제로 중국은 일대일로 참여국들에 중국판 위성

위치 확인 시스템GPS(위성항법장치)인 베이더우北斗(북두칠성)를 수출하고 군사훈련을 늘리거나 무기를 판매하고 있다.

이러한 이유로 인도는 실제로 일대일로 계획을 적극적으로 견제하고 있다. 이 길이 지나가는 국가들에 중국과 경쟁적으로 인프라를 구축하고 자본을 투자하고 있으며 가능한 모든 나라와 적극적인 외교적인 접촉을 하고 있다.

사업의 중단과 취소

2017년 11월 17일 중국이 일대일로一帶一路로 사업의 가장 협력관계가 좋았던 파키스탄 정부가 중국의 주도로 추진하던 140억달러(당시 한화 15조 4,000억원) 규모의 수력발전댐 건설 사업을 포기하기로 했다.

중국 주도로 건설된 댐의 하자로 인해서 문제를 일으키고, 댐에 대한 관리를 중국이 99년간 소유하게 되면 파키스탄에게는 남는 것이 없기 때문이다. 이로 인하여 파키스탄은 65개 일대일로 참여국 중 최고의 친중 국가였으니 중국은 믿는 도끼에 발등을 찍힌 격이 됐다.

네팔 정부도 중국과 함께 추진해온 자국 내 최대 수력댐 건설 사업을 취소하겠다는 입장을 밝혀 일대일로가 잇따라 제동이 걸리고 있다.

이처럼 일대일로 사업이 자국의 이익보다는 중국의 이익이 앞선다는 사실에 많은 나라에서는 일대일로 사업에 대해서 전면적으로 검토하거나 사업을 취소하거나 중단하는 사례가 증가하고 있다.

안보문제

중국 서부지역은 유럽까지 연결되는 전략적 요충지이자 풍부한 에너지 자원을 가지고 있는 지역이다. 중국은 실크로드 경제 벨트를 구축하여 서부와 동부의 경제적 격차를 해결하고 인프라 구축을 원하지만 과격한 민족주의 단체에 의하여 테러가 빈발하고 있고 이에 대한 해결책이 필요하다.

일대일로一带一路 사업으로 인하여 걸설되는 도로와 철도는 아프가니스탄, 이란, 시리아, 신장 위구르 자치구 등 정세가 불안정한 지역을 많이 지난다. 또한 일로 중 남중국해는 중국을 포함한 7개 국가가 서로 영해 분쟁을 하는 곳이고 말라카 해협과 예멘-소말리아 사이의 아덴만은 해적이 들끓는 곳으로 유명하다.

따라서 공사가 완공되어도 해당 지역의 치안 부재로 인하여 테러나 폭파 등에 의하여 안전한 통행이 이루어지기 어려울 수 있다.

특히 일대일로에 포함된 중앙아시아, 동서남아시아, 중동은 종교, 밀입국, 수자원 안전, 테러리즘, 민족 분리주의 등 안보적으로 위험한 문제를 야기할 가능성을 지니고 있다.

중앙아시아 국가들의 인프라 건설을 위해 파견된 중국 노동자와 기업인들을 대상으로 발생한 여러 사건들을 근거한다면, 일대일로 프로젝트 진행 중 반중국 정서가 형성되었을 때 테러의 발생 가능성을 배제할 수 없다.

또한 프로젝트 진행 중 테러리즘 세력이 중국으로 넓혀질 수 있다는 우려를 무시할 수 없다. 우즈베키스탄과 투르크메니스탄, 카자흐스탄을 제외하고는 이러한 위험을 예방할 수 있는 방법이 없다는 것 또한 큰 문제가 된다.

시진핑의 다자주의

군사 개입

2020년 10월, 중화인민공화국 입법기관인 전국 인민대표대회는 주권과 통일, 영토 그리고 안전뿐 아니라 이른바 '발전 이익'이 위협받을 경우에도 국방력을 동원할 수 있도록 변경한 국방법 개정안 초안을 공표했다.

관변 매체인 글로벌타임스(환구시보) 신문은 중국의 발전 이익이 위협받는 사례와 관련해 무역 봉쇄로 중국의 경제 운용이 타격을 받거나, 일대일로一帶一路 구상을 포함한 해외 경제활동이 국지적 분쟁이나 봉쇄 때문에 차단되는 경우 등을 거론했다.

예를 들어, 중국이 99년간 운영권을 접수한 스리랑카의 함반토타 항구를 인도, 미국등 쿼드 동맹국들이 봉쇄할 경우, 인민해방군이 나선다는 것이다. 스리랑카는 중국의 진주목걸이 전략 야심에 매우 중요한 곳으로 중국이 쇠퇴하거나 붕괴되지 않는 한 이를 포기하지는 않을 것이다.

이는 타국 영토를 자국 영토로 간주해서 군함 등을 보내겠다는 것으로 상대국 주권을 상당히 간섭할 소지가 있으며 미래에 불화의 단초를 만들 수 있다.

스리랑카의 함반토타 항구

즉, 일대일로—帶—路 사업을 통해 중국이 대출해준 상대국의 돈으로 상대국의 영토에 중국 기업이 항구 등의 시설을 만들었는데, 이것이 봉쇄될 경우 인민해방군이 개입된다는 것이다. 중국의 돈으로 사업한 번 추진했다가 쏟아지는 중국인들에 의해 상권과 거주지도 점령당할 뿐 아니라, "중국의 이익이 위협받는다"고 중국군까지 상대국 영토에 침범해서 개입하는 상황을 불러일으키게 된다는 것이다. 예시로 든 함반토타 항구뿐 아니라, 부설된 철도의 사용권 등 자칭 중국의 이익이라는 것이 다양하게 확장될 가능성이 있다.

새법에 의한 "발전 이익의 침해"라는게 상당히 모호하고 광범위 하여, 중국이 독단적이고 자의적으로 결정해서 행동하는게 가능하다는 것이다. 만약에 어떤 사건이 생기면 민족주의적 성향이 강한 글로 관영 언론이 "중국의 이익이 침범당하고 있다"고 운을 띄워 대중들을 호도한다. 그러면 중화 민족주의에 세뇌된 샤오펀홍小粉紅 성향의 중국인들에 의해 군대를 보내거나 전쟁하라는 여론이 생긴다. 이에 대해서 중국 공산당 지도부가 여론이 형성됐다고 판단하면 자의적으로 결정해서 인민해방군을 보내 사실상 점령하는 것이 가능하다는 것이다. 설령 상대국이 "중국의 이익을 침해하지 않는다"라고 주장해도 중국이 이를 받아들이지 않으면 의미가 없다.

아직까지는 일대일로 관련하여 군사활동을 벌인 적이 없어, 열강의 제국주의와는 다른 모습을 보이고 있지만 지켜봐야 할 문제일 것이다.

부채 폭탄 위험

중국 원조 조건에는 독소 조항이 여럿 도사리는데 대표적인 게 대출의 60%에 대한 담보와 신용보험, 제3자 상환 보증이다. 독일이나 일본은 1.1%정도 이자에 상환기간도 평균 28년인데 반해 중국은 4.2% 고금리에 상환기간은 10년 미만이다. 따라서 일대일로一带一路에 참가하고 있는 국가들이 부채 폭탄을 떠 안고 있다고 할 수 있다.

일대일로 사업은 중국이 공짜로 퍼주는 게 아니며 중국이 돈을 대출해주고 중국기업이 개발에 참가해 이 돈을 따가고, 프로젝트 수행에 들인 비용은 해당 국가의 부채로 고스란히 남는다. 그리고 경제력이 열악한 각 국가들에 있는 정치 세력의 필요에 의해 추진된 것도 많다.

그러나 중국 당국에서는 우호 국가를 늘리기에 급급하느라 해당 사업들의 타당성을 따지지 않고 돈을 대줬기에, 결과적으로 중국 입장

에서도 손해가 되는 일이 한둘이 아니다. 즉, 따지고 보면 충성 경쟁의
부작용이다.

파키스탄

일대일로로 인해 빚더미에 빠진 가장 큰 피해국은 아이러니하게도
대표적인 친중국가인 파키스탄이 꼽혔다. 파키스탄은 일대일로 핵심
프로젝트 중 하나인 중국–파키스탄 경제회랑CPEC 사업에 참여하면서
자국 내 인프라 건설 자금의 80%(620억 달러)를 중국에서 조달했다. 대
출이자도 매우 높은 편이어서 파키스탄의 상환 부담이 커지고 있다.

또한 파키스탄 라호르에서 벌이는 경전철 건설 사업으로 인해 급
증한 부채 때문에 새 정부 출범과 함께 IMF 구제금융을 신청할 가능
성이 제기되고 있다. 그래서인지 2017년 11월, 14억 달러 규모의 다이메
르–바샤댐 건설 사업을 취소했다. 댐 소유권을 중국이 가져가는 등 조
건이 까다롭고, 건설 인력 17,000명을 중국인으로 충원해 고용 효과도
없다고 본 것이다.

파키스탄 다이메르–바샤댐

라오스

라오스는 두 번째로 부채 위험이 높은 국가에 올랐다. 중국~라오스 간 철도 건설 비용을 포함해 국내총생산GDP의 절반가량인 67억 달러를 중국에서 차입했다. 국제통화기금IMF은 라오스의 부채 상환이 어려울지 모른다고 경고했다.

키르기스스탄

키르기스스탄도 일대일로 사업에 따른 인프라 건설로 국가부채 규모가 GDP 대비 78% 수준까지 늘어났다. 일대일로 사업 참여 이전의 62%에 비해 큰 폭으로 증가했다.

지부티

지부티는 중국에 진 빚이 GDP 대비 91%에 이른다. 일대일로 사업 참여 이전의 82%보다 10%포인트 가까이 높아졌다. 역시 일대일로에 참여하고 있는 캄보디아와 아프가니스탄도 조만간 대외채무의 절반 이상을 중국 자본이 차지하게 될 것으로 전망됐다.

스리랑카

스리랑카도 부채 위기가 갈수록 커지고 있다. 마힌다 라자팍사 전 스리랑카 대통령은 기존의 재원조달 창구였던 아시아개발은행ADB과 IMF에 손을 벌리는 대신 중국으로부터 대규모 차관을 도입해 인프라에 투자했다.

남부 함반토타 항구는 중국의 자금 지원을 받아 2010년 개항했다. 함반토타항의 이용률이 낮아 적자가 쌓이자 스리랑카 항만공사는 2016년 지분 80%를 중국 국유 항만기업 자오상쥐에 매각하고 99년간 항구 운영권을 넘겼다.

몰디브

몰디브의 전 대통령 나시드는, "도로와 교량, 공항정비 등을 포함해 쓸데없는 인프라 정비에 많은 돈을 들었다. 15억~20억 달러에 달하는 대對 중국 채무의 금리는 최종적으로 12% 이상이어서 세입이 월 1억 달러(약 1천 80억 원)에 불과한 몰디브로서는 상환이 불가능하다"고 하였다.

중국의 몰디브 부채 상환은 이미 시작되었다. 몰디브가 부채를 갚지 못하여 중국은 16개 이상의 섬을 이미 사들였다. 이를 두고 중국으 채무상환을 제때 갚지 못하면 중국은 섬과 인프라 운영회사의 주식을 요구하는 방법으로 몰디브 자체를 탈취할 것이라고 우려했다.

몰디브의 섬들

케냐

아프리카 국가 케냐의 경우, 수도 나이로비와 동부 항구 도시 몸바사를 잇는 470km 길이의 철도 건설 예산 32억 달러의 대부분을 중국 금융기관으로부터 지원받고, 중국 건설회사가 철도 건설을 담당했는데, 케냐는 막대한 채무 부담을 떠안게 됐다. 아프리카 국가들은 중국의 투자가 일자리 창출과 경제적 이득을 가져올 것으로 기대했지만, 결과는 부채 위기로 나타났고 철도의 이용률도 극히 저조하다고 한다.

에티오피아

아프리카 국가 에티오피아의 경우, 수도 아디스아바바에서 홍해와 맞닿은 인접국 지부티를 잇는 전기철도를 건설했다. 총 길이 718km인 이 선로는 5년 공사 끝에 지난 2016년 완공됐으나, 이용률이 극히 저조하여 수익을 내지 못하고 있다고 한다. 이 철도 사업으로 중국에 갚아야 하는 빚만 40억 달러(4조 4,600억 원)라고 한다. 즉, 돈을 대주고 공사를 한 중국만 돈을 벌고 에티오피아는 거의 쓰지 않는 중국산 철도와 빚더미만 남은 결과가 되었다.

에티오피아 전기철도

탄자니아

2020년 5월, 아프리카 국가 탄자니아의 대통령 존 마구풀리는, 중국서 빌린 100억 달러를 갚지 않겠다며, 전임 대통령이 중국과 맺은 계약이 말도 안되는 계약이라고 하였다. 빌린 돈으로 탄자니아에 항구를 짓는데, 사용권은 중국이 99년간 갖는다.

중국의 항구 내 활동에 아무 조건도 달지 않는다. 즉, 탄자니아 돈으로 중국 기업이 항구를 짓고 사용권을 중국이 갖는다는 것이다. 비유하자면 내 땅에 남이 99년간 사용할 건물을 짓는데 땅 사용료를 받기는 커녕 공사도 그쪽에서 하고 내가 이용하지도 않는 건물을 공사비에 이자까지 쳐서 줘야 한다는 것이다. 실로 정신 나간 계약이라 하지 않을 수 없다. 마구풀리 대통령은 "술에 취하지 않고서야 할 수 없는 계약"이라고 했다.

탄자니아 항구

2018년 4월, 국제통화기금 총재는 공식적으로 일대일로에 대해 "관련 국가에 부과된 부채가 지나치게 많다"고 경고했다. 일대일로 계획은 철저하게 중국의 이익을 위해 설계되었으며, 중국의 대출과 중국 국유기업이 하청을 받는 방식으로 진행되는 것이 대부분이어서, 인프라 정비가 구축될 상대국들은 중국 정부에 수십억 달러의 빚을 지게 된다.

2018년 4월, 일대일로에 참여한 68개국의 부채비율은 126%로 급증하여 중국 때문에 빚더미에 올라앉았다. 해당 국가들이 부채가 많아져서 돈을 못 갚으면, 본 사업을 통해 빨대를 꽂고 있는 중국 정부와 중국 기업들에게도 문제가 생긴다.

일대일로 공사에 필요한 자금도 연간 5,000억 달러가 부족한 실정이다. 중국 내부에서도 "대부분의 일대일로 참여국은 프로젝트 추진에 필요한 재원이 부족하다"라고 지적하고 있다.

중국의 야망인 일대일로 때문에 이들 국가의 부채 비율이 35%에서 126%로 뛰었다며 자금 조달이 매우 어려운 실정이라고 설명했다. 향후 중국이 해당 국가의 부채 상환 불능을 명분으로 전략 요충지의 항구를 장기 임차 방식으로 뺏어서 군사적 혹은 상업적으로 이용할 가능성도 있다.

시진핑의 다자주의

10

부실 공사

일대일로一帶一路 사업의 성격상 상당수가 충성 경쟁과 재빠른 인프라 건설을 원하는 현지 지배계층의 이해관계가 맞물리다 보니 빨리빨리식 계획의 병폐가 잘 나타난다.

따라서 체계적인 타당성 조사 없이 계획만 있으면 무조건 지원해 주는 경우가 많으며, 시공사는 공사대금을 빨리 받기 위하여 무리하게 빨리 시공을 끝내려고 하게 된다. 이러한 부실 공사에 대한 우려가 증가하고 있으며, 일부 지역에서는 벌써 부실 공사로 인한 피해가 발생하기도 하였다.

파키스탄

실제로 중국 기업이 파키스탄에 세운 이슬라마바드 공항의 부실공사가 심각하다. 이슬라마바드 공항은 최신 공항인데도 불구하고 비가 새고 천장의 타일이 떨어진다. 이로 인해 이슬라마바드 공항은 세계 최악의 공항으로 알려져 있다.

이러한 문제가 발생하게 된 이유는 중국 기업이 공사비를 빼돌렸는지 의심이 크다. 이슬라마바드 공항을 건설했던 회사는 중국 국영 기업이자 가장 큰 중국 건설회사 중 하나인 중국건축공정총공사^{中国建筑集团有限公司}, 영문 China State Construction Engineering Corporation^{CSCEC}이다.

이슬라마바드 공항

파키스탄에서는 2022년 터빈에 물을 공급하는 터널에서 균열이 발견된 닐룸–젤룸 수력발전소의 가동을 중단했다. 중국 업체가 발전소를 완공한 지 4년 만에 가동이 중단되면서 파키스탄 정부는 매달 4천400만 달러(약 544억 원)의 비용을 추가로 부담하고 있어 재정 적자에 시달리고 있다.

파키스탄 닐룸-젤룸 수력발전소

에콰도르

건국 이래 최대 프로젝트라는 에콰도르 코카코도 수력발전소 건설 사업에서 건설하자마자 여기저기 금이 가고 붕괴 우려까지 발생하면서 발전소를 운영하지 못하고 있다. 중국은 자국에서 수백명의 노동자를 파견해 2010년~2016년까지 공사를 진행했다. 하지만 완공 직후부터 문제점이 발견되기 시작했다.

일단 중국 측에서도 수리해보고 있다지만 아직 확실한 안정성은 담보하기 힘들다. 또한 에콰도르의 전력회사는 중국이 수력발전소에 설치한 8개의 철제 터빈에서도 1만 7천 개의 균열을 발견했다고 전했다. 에콰도르 측은 중국제 철강의 품질에 문제가 있는 것이라는 입장이다.

에콰도르 에너지장관은 현지 언론과의 인터뷰에서 "이렇게 엉망으로 지어진 발전소는 죽어도 용납할 수 없다"는 언급을 하며, 더욱 어이가 없는 상황은 중국측이 이 같은 하자가 모두 해결되어 운영권을 받을 수 있다는 입장을 보인 상황이다. 그러나 결국 중국은 균열 문제를 해결하기 위해 여러 차례 수리에 나섰지만 모두 실패했다.

에콰도르 코카코도 수력발전소

중국의 물류망을 강화시켜 중국 기업들의 수출에 도움이 될 뿐만 아니라, 자국 내 실업 해소 및 중국인들의 국외 진출, 군사 거점화 및 심지어 영토의 접수도 가능하므로 중화 제국주의의 이익에 맞는 것으로 보이지만, 언론을 검열하는 중국 사회 특성상 보도를 하지 않을 뿐이지 중국 내부에서의 비판도 있는 것으로 보인다.

시진핑의 다자주의

시진핑의 다자주의, 어떻게 읽어야 할까?

:: 함께 읽고 나누는 '다자주의' 교과서

이 책은 독자들이 어렵다고 느낄수 있는 다자주의에 좀 더 쉽고 친근하게 접근하여 그 즐거움과 의미를 발견하도록 돕는다.

이 책은 경제나 외교 전문가들은 미국과 중국의 갈등을 해결하고 다자주의를 강화해야 한다고 이야기 하지만 현실과는 괴리가 있다.

따라서 중국이 추구하는 다자주의가 무엇이며 어떤 방향으로 전개 될 것인지 거기에 따른 한국의 대응 전략을 알아보는 것은 매우 의미가 있다. 국제사회 변화와 시대를 뛰어넘어 다자주의가 이어주는 매력적인 연결고리의 이해를 돕기위해 저자는 현장에서의 경험과 노하우를 담아 책을 편찬했으며 다양한 주제들은 독자들로 하여금 책에 대한 몰입을 더 해줄것이다.

| 국문 단행본

• 강태훈 외, 『국제정치의 패러다임과 지역질서』(서울: 도서출판 오름, 1999)

• 김재철, 『중국의 외교전략과 국제질서』(서울: 폴리테이아, 2007)

• 로널드칠코드, 강문구 역, 『비교정치학 이론』(서울: 한울아카데미, 1999)

• 박재영, 『국제정치패러다임』(서울: 법문사, 1996)

• 서진영, 『21세기 중국외교정책』(서울: 폴리테이아, 2006)

• 이재영, 박상남, 『중앙아시아의 부상과 한국의 대응전략』(대외경제정책연구원, 2007)

• 이희옥, 『중국의 국가대전략 연구』(서울: 폴리테이아, 2007)

• _____, 『중국의 새로운 사회주의의 탐색』(창비, 2004)

• 에리히 폴라트, 알렉산더 융, 김태희 역, 『자원전쟁』(서울: 영림카디널, 2008)

• 정재호, 『중국의 강대국화』(서울: 도서출판 길, 2006)

• 조영남, 『후진타오시대의 중국정치』(서울: 나남, 2006)

• 이창주, "중국의 일대일로一帶一路 전략 바로알기", 『시선집중GSnJ』,2015

• 이일영, "중국의 새로운 발전전략, 일대일로一帶一路", 『시선집중GSnJ』,2015

• 김태식, "일대일로一帶一路 프로젝트 추진 배경 및 주요 난제에 관한 연구", 『대한정치학회보』
23집 4호, 2015,11,

• 김옥준, "중국의 일대일로一帶一路 구상과 정치,경제적 함의: 실크로드 경제벨트 구축을 중심
으로", 『국제정치연구』 제18집 1호, 2015

• 주용식, "중국 일대일로一帶一路에 대한 전망 분석: 동남아시아 지역을 중심으로", 『국제정치연
구』 제 18집 2호 , 2015

• 류흔, "글로벌 물류 시대 중국 일대일로一帶一路 문제점과 발전방안에 관한 연구", 2017

• 이창주, "일대일一帶一路의 모든 것", 서해문집 , 2017

국문 논문

- 강봉구, 「상하이 협력기구와 '뉴 그레이트 게임(the New Great Game)'」, 『아태지역의 동향』 (한양대학교아태지역연구센터, 2005)

- 고재남, 「SCO의 반테러 군사훈련의 배경과 전망」, 『정세와 정책』 제32집 (세종연구소, 2007)

- 김경일, 「동아시아 지역의 다자안보협력 모색과 그 가능성: 유럽지역과의 비교를 중심으로」, 『대한정치학회보』 10집 2호 (대한정치학회, 2002)

- 김애경, 「다자주의에 대한 중국의 인식변화와 전략적 동인」, 『변화하는 중국과 한중관계의 재조명』 (현대중국학회, 2003)

- 김익겸, 「중국의 다자주의외교전략: 중국외교의 새로운 시도」, 『중국연구』 제 34권 (한국외대 중국연구소, 2004)

- 김 인, 「중국의 중앙아시아정책과 상하이협력기구(SCO)」, 『亞太 쟁점과 연구』 (한양대 아태지역연구센터, 2006)

- 류동원, 「중국의 다자안보협력에 대한 인식과 실천: 상하이협력기구(SCO)를 중심으로」, 『국제정치논집』 제44집 4호 (한국국제정치학회, 2004)

- 박상남, "중국의 서부전략과 중앙아시아", 『국제지역연구』, 8권 4호(2004)

- 박병인, 「중국의 對중앙아시아 경제협력과 상하이렵력기구 연구」, 『중국학연구』 제29집 (중국학연구회, 2004)

- _____, 「상하이협력기구(SCO) 성립의 기원: '상하이 5국'에서 '상하이협력기구'로」, 『중국학연구』 제33집 (중국학연구회, 2005)

- 박인휘, 「단극시대 미국패권전략의 이론적 기초: 다자주의 vs. 일방주의」, 『한국과 국제정치』 제19권 3호 (경남대 극동문제연구소, 2003)

- 변창구, 「중국의 다자안보외교와 ARF」, 『한국동북아논총』 제32집 (한국동북학회, 2004)

- _____, 「ARF와 협력안보의 진전: 동북아 다자안보협력에 대한 함의」, 『대한정치학회보』 제13집 2호 (대한정치학회, 2005)

- 신범식, 「푸틴 러시아의 근외정책: 중층적 접근과 전략적 균형화 정책을 중심으로」, 『국제 지역연구』 14권 4호 (서울대 국제학연구소, 2005)

- 신종호, 「국제전략환경의 변화와 중미관계」, 『중소연구』 통권 106호 (한양대 아태지역연구센터, 2005)

- _____, 「탈냉전기 중미간 아태지역 안보관계: 인식과 정책을 중심으로」, 『중소연구』 통권 102호 (한양대 아태지역연구센터, 2004)

- 엥흐마, 『중앙아시아 안보환경과 상하이 협력기구(SCO)의 역할 전망』 (인하대학교 석사학위논문, 2006)

- 이동률, 「중국 '책임대국론'의 외교 전략적 함의」, 『동아연구』 제50권 (서강대 동아연구소, 2006)

• 이호령, 「미국의 대 중앙아시아 정책 분석」, 『평화연구』 제11권 2호 (고려대 평화연구소, 2003)

• _____, 「중앙아시아 지역을 둘러싼 권력투쟁과 함의」, 『전략연구』 통권38호 (한국전략문제연구소, 2006)

• 이희옥, 「국제전략환경의 변화와 중미관계」, 『중소연구』 통권 106호 (한양대 아태지역연구센터, 2005)

• _____, 「중국 국가대전략의 구상체계와 조건」, 『중국연구』 제38권 (한국외대 중국연구소, 2005)

• 전가림, 「에너지안보를 둘러싼 중국의 팽창주의 외교정책」, 『국제지역연구』 제10권 제 1호 (국제지역학회, 2006)

• 주재우, 「다자간협력체에 대한 중국의 입장과 정책 변화: 상해협력기구와 "10+1"의 구상을 중심으로」, 『현대중국연구』 제4집 2호 (현대중국학회, 2002)

• 주진미, 「상하이협력기구(SCO)의 성격변화에 관한 연구」 (고려대학교 정책과학대학원 석사학위논문, 2007)

• 지재운, 「중국의 중앙아시아 전략」, 『중국학연구』 제31집 (중국학연구회, 2005)

• 차창훈, 「21세기 중국의 외교정책: 국내외적 환경변화와 전략과 목표를 중심으로」, 『한국정치외교사논총』 제29집 1호 (한국정치사학회, 2007)

| 中文書籍

• 全聖興, 「"中国的崛起"與国际秩序的变化」, 『现代国际关系』 2005 11期, (北京: 中國現代國際關係研究所)

• 门洪华, 「国家主义, 地区主义與全球主义」, 『开放导报』 2005 3期, (沈圳: 綜合開發研究院)

• 葉自成, 「对中国多极化战略的历史與理论反思」, 『国际政治研究』 2004 1期, (北京: 北京大學)

• 余建华, 「上海合作组织與新安全观」, 『毛泽东邓小平理论研究』 2005 3期, (上海: 上海社會科學院)

• 高飞, 「上海合作组织研究综述」, 『俄罗斯中亚东欧研究』 2004 4期, (北京:罗斯中亚东欧研究所)

• 赵华胜, 「中亚形势变化與"上海合作组织」, 『东欧中亚研究』 2002 6期, (北京: 罗斯中亚东欧研究所)

• _____, 「對上海合作組織發展前景的幾點看法」, 『國際問題研究』 2006 3期, (北京: 中國國際問題研究所)

• 姜毅, 「中国的多边外交與上海合作组织」 『俄罗斯中亚东欧研究』 2003 5期, (北京: 罗斯中亚东欧研究所)

• 張小明, 「中國與周邊國家關係史演變: 模式與過程」, 『國際政治研究』 2006 1期, (北京: 北京大學)

• 朱立群, 「美國學界對中国亞洲政策的認知」, 『外交學會學報』 2005, (北京: 外交學院)

- 時殷弘,「當今中亞大國政治: 出自中國視覺的評估」,『國際經濟評論』2003, (北京: 中國社會科學院)

- _____,「中美關係與中國戰略」,『現代國際關係』2007 1期, (北京: 中國現代國際關係研究所)

- _____,「國家大戰略理論論講」,『國際觀察』2007 5期, (上海: 上海外國語大學)

- _____,「中國的變遷與中國外交戰略分析」,『國際政治研究』2006 1期, (北京: 北京大學)

- _____,「伊拉克戰爭與中美關係態勢」,『現代國際關係』2007 5期, (北京: 中國現代國際關係研究所)

- 李民倫,「上海合作組織在國際社會中的作用分析」,『石家庄學院學報』Vol. 8 No.1, 2006, (河北: 石家庄學院)

- 張小明,「中国與周邊國家關係史演變: 模式與過程」,『國際政治研究』2006 1期, (北京: 北京大學)

- 劉國新,「論中國新安全觀的特點及其在周邊關係中的運用」,『當代中國史研究』, Vol. 13 No. 1, 2006, (北京: 當代中國研究所)

- _____,「中國新安全觀的形成及實踐」,『形勢與政策』2006 1期, (北京: 思想教育研究所)

- 許 濤,「中亞區域合作與上海合作組織」,『現代國際關係』2005 11期, (北京: 中國現代國際關係研究所)

- _____,「新形勢下上海合作組織在國際社會中的定位思考」,『新疆大學學報』2006 4期, (新疆: 新疆大學)

- _____,「上海合作組織地區安全合作進程與前景分析」,『國際觀察』2006 2期, (上海: 上海外國語大學)

- 楊 恕,「俄羅斯與中亞國家關係的新發展」,『國際問題研究』2006, (北京: 國際問題研究所)

- 祝政宏,「試論中國在上海合作組織中貫徹的"新安全觀"理論」,『新疆社科論壇』2005. 2, (新疆: 新疆社會科學院)

- 石 澤,「試論全方位發展的中國與中亞國家關係」,『國際問題研究』2005. 11, (北京: 國際問題研究所)

- 余學進,「亞洲地緣外交戰略的新思考」,『南昌航空工業學院學報』2006. 4, (南昌: 南昌航空工業學院)

- 劉 凱,「"上海合作組織"對中俄關係的影向」,『濟寧師範專科學校學報』2004. 4期, (山東: 濟寧學院)

- 裵遠穎,「亞洲安全與合作形勢和中國外交」,『和平與發展』2005 4期, (北京: 中國國際友好連絡會和平與發展研究中心)

- 張勝軍,「上海合作組織與21世紀我國周邊外交」,『理論前沿』2006 5期, (北京: 中共中央黨校鄧小平理論和"三個代表"重要思想研究中心)

- 高永久, 秦偉江,「對上海合作組織發展的制約性因素的研究」,『新疆社會科學』2006 2期, (新疆: 新疆社會科學院)

| 영문 서적

- Chien-peng Chung, "China and the Institutionalization of the Shanghai

- Cooperation Organization", Problems of Post-Communism Vol. 53 No. 5, Sep/Oct 2004

- _____, "The Shanghai Co-operation Organization: China's Changing Influence in Central Asia" China Quaterly, 2004

- David Shambaugh, "China's National Security Strategy Since 9·11", 『전략연구』 통권28호, 2003

- Eugene B. Rumer, "China, Russia and the Balance of Power in Central Asia", Strategic Forum No. 223, 2006. 11

- Kevin Sheives, China Turns West: Beijing's Contemporary Strategy Towards Central Asia" Pacific Affairs Vol. 79 No. 2, 2006

- Marc Lanteigne, "The Development of the Shanghai Co-operation Organization as a Security Community", Pacific Affairs Vol. 79 No.4, 2006

- Matthew Brummer, "The Shanghai Cooperation Organization and Iran: A Power-full Union", Journal of International Affairs Vol. 60 No. 2, 2007

- Zhang Yunling, 『East Asian Regionalism and China』(World Affairs Press, 2005)

| 기타

- Yu Bin, "China-Russia Relations: From Election Politics to Economic Posting", http://www.csis.org/media/csis/pubs/0801qchina_russia.pdf

- Stanley Foundation, "Building an Open and Inclusive Regional Architecture for Asia", CSIS, Policy Dialogue Brief, http://www.csis.org/component/option,com_csis_events/task,view/id,1233/

- 상하이협력기구 공식 홈페이지(http://www.sectsco.org/home.asp)

시진핑의 다자주의

초판 발행| 2023년 4월 20일

지 은 이| 이창호

펴 낸 이| 이창호
디 자 인| 이보다나
인 쇄 소| 거호 커뮤니케이션

펴 낸 곳| 도서출판 북그루
등록번호| 제2018-000217
주　　소| 서울특별시 마포구 토정로 253 2층(용강동)
도서문의| 02) 353-9156

ISBN 979-11-90345-19-4 (03300)